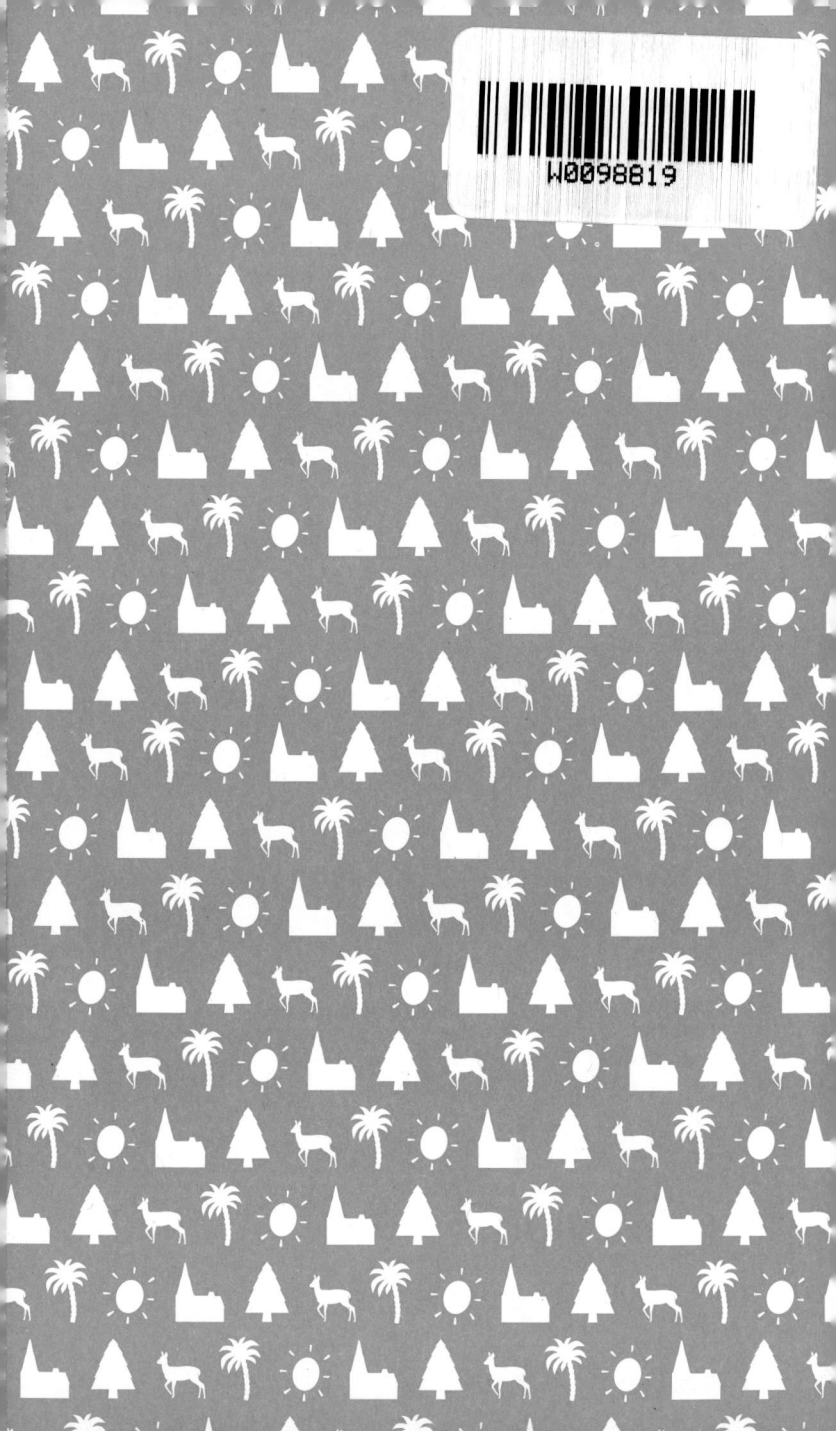

Impressum

Text: Lena Häfermann, Matthias Holthaus, Marian Jarzak, Marlen Jirschitzka, Malina Klencke
Satz & Lektorat: rap verlag
Grafik: www.gudrunbarthdesign.com
Druck und Weiterverarbeitung: oeding print GmbH, Braunschweig

RECYCLED
Papier aus Recyclingmaterial
FSC® C118370

ISBN: 978-3-942733-19-9

1. Auflage 2014

© rap verlag, Freiburg im Breisgau, in der R.A.P. Presse-Verlag-Werbung GmbH
Kontakt: kontakt@rap-verlag.de

Alle Angaben in diesem Stadtführer erfolgen ohne Gewähr und ohne Anspruch auf Vollständigkeit.

Alle Rechte vorbehalten.
Nachdruck, auch auszugsweise, sowie Verbreitung durch Film, Funk, Fernsehen und Internet, durch fotomechanische Wiedergabe, Tonträger und Datenverarbeitungssysteme jeglicher Art nur mit schriftlicher Genehmigung des Verlags.

»ENDLICH BREMEN!«

Dein Stadtführer

4	**Bremen ... endlich!**
6	**Wo wohnst Du?** 

8 Bedienungsanleitung // 10 Bremens Mitte (Häfen, Mitte) // 14 Bremens Osten (Borgfeld, Hemelingen, Horn-Lehe, Oberneuland, Osterholz, Östliche Vorstadt, Schwachhausen, Vahr) // 26 Bremens Süden (Huchting, Neustadt, Obervieland, Seehausen, Strom, Woltmershausen) // 34 Bremens Westen (Blockland, Findorff, Gröpelingen, Walle) // 41 Bremens Norden (Blumenthal, Burglesum, Vegesack)

46	**Von A nach B**

48 ... zu Fuß // 49 ... mit dem Fahrrad // 52 ... mit Bus und Bahn // 54 ... mit dem Auto // 54 ... mit dem Schiff // 55 Ich müsste mal an die Küste ...

56	**Hunger?**
58	**Essen zu Hause**

59 Bioläden // 61 Gemüse-Kiste // 66 Märkte // 66 Besondere Einkaufstipps // 70 Lass dich bekochen – Bringdienste

74	**Essen unterwegs**

75 Schnell und auf die Hand // 77 Mittagspause ... Mensa, Kantine oder Mittagstisch // 79 Essen gehen – regionale und internationale Küche // 82 Besondere Restaurants

84	**Durst?**

86 Kaffee // 89 Und was is' mit Tee? // 90 Wein // 93 Bier // 97 Cocktails & Longdrinks

100	**Es ist Sommer**

102 Eis // 104 Baden // 109 Sport in und auf dem Wasser // 112 Spiel & Spaß an Land // 118 Sommer kulinarisch

122 Frostige Zeiten
124 Drinnen // 132 Draußen // 135 Weihnachtsmärkte

138 Feiern
140 Clubs, Plattenteller & Co. // 146 Uni-Partys // 147 Dein Raum – deine Party // 148 Für den nächtlichen Heißhunger // 150 Der Weg nach Hause

152 Sonntage
154 Bäckereien // 155 Notfalleinkauf // 156 Sonntag ist Brunchtag // 161 Kirche // 162 Sonntagsspaziergang // 165 Ausflüge um die Ecke // 167 Tatort gucken

168 Besuch? Tourikram ...
170 Vorbereitungen // 171 Los geht's – auf zur Touri-Tour! // 178 Geführte Touren // 179 Und für die Lieben zu Hause?

180 Kultur und so
182 Leinwand // 186 Die ganz große Bühne // 193 Museen // 199 Konzerte // 204 Literatur // 206 Festivals

210 feste Feste
212 Frühling // 213 Sommer // 216 Herbst // 218 Winter

220 Mythen
222 Klischees und Vorurteile // 224 Sagen und Mythen // 226 Alberner Schnack

228 Bremen fiktiv
230 Bremen zum Lesen // 236 Bremen zum Schauen

238 Sprachregeln und nützliche Vokabeln
240 Allgemeine Sprachregeln // 243 Vokabeln für den Alltag

Bremen ... endlich!

Malerisch an der Weser gelegen, nur 60 Kilometer vom Meer entfernt, Unistadt, Hansestadt, Fischbrötchen an jeder Ecke, Hafenfeeling überall, Heimat von Beck's Bier, Bärbel Schäfer und Jürgen Trittin – und jetzt bist du auch hier!

... aber schon gehen die Probleme los: Du liest unzählige Wohnungsanzeigen, weißt aber nicht, in welchem Stadtteil du schön, naturnah, günstig, studentisch oder besonders exklusiv wohnen kannst. Du möchtest am Wochenende mal so richtig im Nachtleben schwelgen, landest aber – du wusstest es nicht besser – beim gemächlichen Tuba-Abend. Du hast vergessen, für den Sonntag einzukaufen und keine Ahnung, wo du jetzt noch was zu essen herbekommst. Das sind nur einige klassische Hürden, die eine neue Stadt so mit sich bringt.

Meist dauert es eine halbe Ewigkeit, bis man sich richtig gut auskennt und bis dahin muss man so einiges über sich ergehen lassen. Aber jetzt ist Schluss damit: Dieses Buch soll dir eben diese Jahre voller Selbstversuche, Entgleisungen und Kompromisse ersparen und dir helfen, dich in deiner Stadt von Anfang an zu Hause zu fühlen. Essen, Trinken, Feiern und Genießen, Freizeit, Kultur, Spaß und einfach Leben – genau darum geht es in:

»ENDLICH BREMEN! «

Damit du das alles so richtig auskosten kannst, sind unsere Autorinnen und Autoren durch die ganze Stadt gestreift – immer auf der Suche nach den schönsten Ecken, den besten Leckerbissen, den ausgefallensten Kuriositäten und dem besonderen Etwas in Bremen. Sie haben viele, viele Kilometer zu Fuß, mit dem Fahrrad, den Öffentlichen oder dem Auto zurückgelegt, Klemmbrett und Kamera in der Hand, haben Notizen gemacht, Fotos geschossen und dabei Regen und Wind getrotzt. Das alles hat sich aber wirklich gelohnt, denn heute hältst du tatsächlich dieses Buch in deinen Händen.

»ENDLICH BREMEN!«
Jetzt auch online:
www.facebook.com/EndlichBremen

Es ist vorläufig fertig, soll sich aber als dein persönlicher Ratgeber und Begleiter immer wieder verändern und weiterentwickeln. Das Tolle ist also, du darfst – ja sollst sogar – in diesem Buch herummalen, Kommentare an den Rand schreiben, Sachen durchstreichen, markieren und aktualisieren und ihm deine persönliche Note verleihen (Natürlich nur, wenn es dir auch gehört, nicht, wenn du es gerade im Buchladen anschaust). Um dir die Hemmungen zu nehmen, haben wir selbst schon einmal angefangen zu kritzeln, malen und markieren ...

Wir wünschen dir viel Spaß!

Dein

Wo wohnst Du?

Wo wohnst Du?
Wo

Gartenzaun **Heimat**
wohnen schön
  gemütlich zu Hause
  endlich

Gartenzaun schön Nachbar
Gartenzaun Häuschen
  Nachbar gemütlich
Wohnung Park
Wohnung Wohnung **zu Hause**
Häuschen schön **Heimat**
  endlich

//8 Wo wohnst Du?   zu Hause   Park
gemütlich   Heimat
wohnen

Bedienungsanleitung

Bremen – das ist dein Traum, deine Leidenschaft! Oder zumindest dein neuer Job oder dein neues Studium. Aber in welchem Teil der Stadt möchtest du wohnen? Wo macht es Spaß, wo ist es spießig, wo teuer, wo preiswert? Hat dein Stadtteil eine grüne oder doch nur eine graue Seite? Lebst du mittendrin oder dort, wo tote Hose ist? Leider hat sich das Stadtteil-Probewohnen noch nicht durchgesetzt, so dass du auf andere Hilfen angewiesen bist, um keine unschönen Überraschungen zu erleben.

Denn woher sollst du bei der Wohnungssuche auch wissen, was sich hinter Namen wie „Findorff", „Neustadt", „Osterholz", „Schwachhausen" oder „Blockland" verbirgt, wenn du vielleicht im Leben noch nie in Bremen warst?

Diese und andere Fragen wirst du dir am Anfang wahrscheinlich stellen – und alle Antworten findest du in diesem Buch! Wir möchten dir den Start im schönen Bremen erleichtern, dir dabei helfen, den Stadtteil zu finden, der zu dir passt. Und deshalb haben wir die wichtigsten Fakten zu jeder Ecke der Stadt gesammelt und knackig aufbereitet. So siehst du fast auf einen Blick, ob du dir vorstellen kannst, hier zu wohnen oder eher nicht.

Möchtest du TATSÄCHLICH nur einen kurzen Blick riskieren, findest du die wichtigsten Eckdaten zu jedem Stadtteil in den gelben Infoboxen im Überblick:

Miethöhe: Wunsch und Wirklichkeit liegen hier leider manchmal sehr weit auseinander. Daher lohnt sich ein kurzer Blick auf die

durchschnittliche Miete, um sofort zu sehen: Passt eine Bleibe in diesem Stadtteil in dein Budget oder bleibt sie nur ein Traum?

Distanz zum Roland: Der Roland ist eine steinerne Statue, die auf dem Bremer Marktplatz steht. Hier schlägt das Herz der Stadt, hier treffen sich die Menschen. Hier findest du auch Rathaus, Dom und die Innenstadt, die zum Shoppen ruft. Da ist es doch gut zu wissen, wie viele Kilometer du überwinden musst, um dort hinzukommen.

Hochhausfaktor: Freistehende Häuschen mit gepflegtem Vorgarten oder Stockwerk um Stockwerk – der Hochhausfaktor verrät dir die Stadtteile, in denen es besonders hoch hinaus geht.

Grünfläche: Nicht überall in Bremen ist es gleich grün. Wo gibt's also die Grünflächen, die zum Chillen, Grillen oder einfach nur zum Schauen einladen?

U-30-Quote*: Sneakerladen oder Orthopädiegeschäft? Hier kannst du auf einen Blick sehen, ob die Leute in deinem neuen Viertel in deinem Alter sind oder eher nicht.

*Der Abdruck der statistischen Daten zur U-30-Quote erfolgt mit freundlicher Genehmigung des Statistischen Landesamtes Bremen (© Statistisches Landesamt Bremen, Bremen 2014).

Kneipendichte: Wie viele Kneipen du bei deiner Runde um den Block findest oder ob du für ein Feierabendbierchen doch besser einen anderen Stadtteil ansteuern solltest, verrät dir die Kneipendichte.

Und dann ist da natürlich noch der **besondere Platz**: Was setzt dem Stadtteil das Sahnehäubchen auf? Wo ist es besonders eindrucksvoll, schön, spannend, historisch oder einfach nur cool? Damit dir nicht erst der Zufall zu Hilfe kommen muss, um auf diese außergewöhnlichen Orte zu stoßen, zeigen wir dir in jedem Stadtteil mindestens einen besonderen Platz.

//10 Wo wohnst Du?

zu Hause
gemütlich Park
Heimat
wohnen

1 Häfen

Bremens Mitte

Was wäre Bremen ohne seine Häfen? Richtig, nicht viel. Die Stadt Bremen hat gleich mehrere Häfen: den **Neustädter Hafen**, den **Hohentorshafen** und die **Industriehäfen**. Eigentlich hätte Bremen noch mehr dieser Schiffsparkplätze, die **Handelshäfen** nämlich, doch die Becken dieser Häfen wurden Ende der 90er Jahre zugeschüttet und auf dem neu entstandenen Platz der bremische Großmarkt errichtet. Bleiben also die restlichen Häfen. Wo hier Menschen wohnen sollen, erschließt sich nicht unbedingt auf den ersten Blick: Überall Lagerhallen, Industrie und das ein oder andere Schiff. Doch irgendwo dazwischen wohnt dann und wann auch mal ein Mensch – versprochen!

Die Häfen haben natürlich ihren ganz eigenen Charme, sie verströmen immer noch den Duft der großen, weiten Welt, von Meer, Motoren und Kaffee. Wer also seine Nase morgens mit Seeluft füllen möchte, dem diskreten Charme der maritimen Industrie erlegen ist und das nötige Kleingeld in der Tasche hat, der darf sich glücklich schätzen, hier zu wohnen.

Der besondere Platz

... ist der **Hafen** selbst. Egal, ob Industriehäfen, Neustädter Hafen oder Hohentorshafen: Bei einer kleinen Radtour durch die Häfen flattern dir immer

HÖCHSTE DURCHSCHNITTSMIETE

INFOBOX

Miethöhe:	
Distanz zum Roland:	3,1–7,3 km
Hochhausfaktor:	
Grünfläche:	
U-30-Quote:	12,4 %
Kneipendichte:	

wieder neue Gerüche in die Nase, entdeckst du ständig neue Ecken oder kommst an industriellen Denkmälern aus Bremens großer Zeit vorbei. Im Industriehafen gibt es außerdem das **Pier 2** (Gröpelinger Fährweg 6), ein Veranstaltungszentrum auf dem Gelände einer ehemaligen Werft. Hier treten auch die Großen der Musikbranche auf.

2 Mitte

Der Stadtteil Mitte besteht aus den Ortsteilen **Mitte**, **Bahnhofsvorstadt** und **Ostertor**. Der Ortsteil Mitte vereint die **Altstadt**, den **Schnoor** und das **Faulenquartier**.

Die **Altstadt** mit ihren Wahrzeichen Marktplatz, Rathaus, Roland und Stadtmusikanten ist sozusagen das Aushängeschild der Hansestadt. Wer Bremen das erste Mal als Tourist besucht, möchte sich genau diese Sehenswürdigkeiten anschauen.

Der schönen Altstadt schließt sich sogleich die Innenstadt an. Sie will vor allem eins: dein Geld. Hier gibt es die üblichen Verdächtigen: Klamotten, Telefone, Bücher und was du sonst so brauchst oder nicht brauchst. Auch das **Faulenquartier** im Herzen Bremens möchte gerne verkaufen, nur kommt der Handel dort nicht so recht in Schwung, dafür lässt es sich vor Ort zentral wohnen. Im Faulenquartier hat sich neben der Volkshochschule und der Jugendherberge mit Blick auf die Weser auch Radio Bremen angesiedelt. Vor der Tür der Rundfunkanstalt steht ein bronzenes Loriot-Sofa samt Mops. Wer echten Menschen metallenen Möpsen den Vorzug gibt,

//12 Wo wohnst Du?   zu Hause   Park
gemütlich   Heimat
wohnen

der kann sich in eines der vielen Cafés setzen, die es im Faulenquartier gibt. Oder aber du gehst gleich an die **Schlachte**, Bremens historische Uferpromenade. Hier geben sich vorwiegend „Butenbremer" (Menschen, die aus dem Bremer Umland stammen), Touristen und ganz allgemein durstige Menschen dem „Sehen-und-gesehen-werden-Spiel" hin.

INFOBOX

Miethöhe:	🪙 🪙 🌿
Distanz zum Roland:	0 km
Hochhausfaktor:	🏠 🏢 🏙
Grünfläche:	🌲 🌲🌲 🌲🌲🌲
U-30-Quote:	24,5 %
Kneipendichte:	🍺 🍺 🍺

Im mittelalterlichen Viertel **Schnoor** lebten früher die einfachen Fischer und Handwerker auf engem Raum zusammen. Seinen Namen hat der „Schnoor" vom plattdeutschen Wort für „Schnur", denn die kleinen Häuser reihen sich wie an einer Schnur aneinander. Noch bis Ende der fünfziger Jahre galt der Schnoor als das Armenviertel Bremens, heute sind seine urigen, verwinkelten Gassen und schmalen Häuser ein wahrer Touristen-Magnet – mit vielen Cafés, Restaurants und auch sonntags geöffneten Läden. Entsprechend ist der Andrang groß und vorausgesetzt, du möchtest dir eine Bleibe im Schnoor suchen, solltest du dich darauf einstellen, dass es hier nicht nur teuer ist, sondern auch immer was los.

Der Schnoor hat vom Zweiten Weltkrieg glücklicherweise nicht viel abbekommen. Das kann man von der **Bahnhofsvorstadt** nicht behaupten. Dementsprechend gibt's hier neben den schönen Altbremer Häusern auch einige plumpe

Nachkriegs-Wohnblöcke. Dieser kleine, feine Unterschied macht sich natürlich im Mietpreis bemerkbar. Als Bahnhofsvorstädter bist du mitten drin in DER Bremer Partyszene und so ist die Straße „Breitenweg" den meisten Bremern inzwischen besser als „Discomeile" bekannt. Das ausgelassene Partygelage lässt die Gegend um den Bahnhof am nächsten Morgen wie nach einem kleinen Atomschlag aussehen – inklusive der herumliegenden (Schnaps-)Leichen.

Schnapsleichen gibt es auch im **Ostertor**, was in Anbetracht der vielen, vielen Kneipen keinen wirklich wundert. Zusammen mit dem im Stadtteil **Östliche Vorstadt** gelegenen Ortsteil **Steintor** bildet das Ostertor die eine Hälfte dessen, was der echte Bremer nur **das Viertel** nennt. Es ist die Mischung, die den Charme dieses Stadtteils ausmacht: Alt und Jung, Alternativ und „Gesettled", Arm und Reich: Sie alle wohnen im Ostertor neben- und miteinander und tummeln sich abends in der vielfältigen Kneipenlandschaft. Nirgends sonst vereinen sich so viele Gegensätze auf so engem Raum.

So unterschiedlich wie die Leute sind auch die Geschmäcker, doch verhungern muss im Viertel niemand: Dönerbuden, Pizzaläden und rund um die Uhr geöffnete Shops, die wirklich alles im Programm haben, sind ebenso zu finden wie Restaurants mit Öko-Touch oder Essen wie bei Mutter zu Hause. Jedes Jahr lädt der Osterdeich zur

//14 Wo wohnst Du?   zu Hause   Park
gemütlich   Heimat
wohnen

Breminale ein. Ganz umsonst gibt's hier fünf Tage lang auf mehreren Bühnen Live-Musik und Co. auf die Augen und Ohren. Da heißt es mehr denn je: flanieren, entdecken und erleben. Vor und nach der Breminale ist der Osterdeich dann Bremens längste Liegewiese. Hier treffen sich abends die Menschen aus dem Viertel, um mit Blick auf den Fluss zu „schnacken", gemeinsam ein Gläschen zu trinken und danach weiterzuziehen.

Du willst mitschnacken?
s. „Vokabeln" S. 243-245

Der besondere Platz

Vom **Viertel** reden alle. Wer wirklich wissen möchte, wer sich im Viertel so rumtreibt und was dort passiert, der geht zum Sielwall-Eck, der zentralen Kreuzung mitten im Stadtteil. Hol dir ein Bier und vielleicht einen Döner und genieß das unglaubliche Spektakel. Das kann dir selbst keines der beiden im Viertel beheimateten Kinos bieten. Das Eck zieht Menschen aller Nationen und Rauschzustände an, hier treffen sich Einsame, Hungrige, Durstige, scheinbar Verrückte und vielleicht Normale.

1 Borgfeld

Wohnst du in Borgfeld, dann wohnst du beinahe auf dem Land. Erst 1945 kam Borgfeld zu Bremen, und das merkst du dem Stadtteil auch an. Zumindest im alten,

Bremens Osten

Häuschen   schön   Wohnung
   Gartenzaun   Nachbar   //15

ländlichen Teil Borgfelds werden sich diejenigen unter den Neuborgfeldern wie zu Hause fühlen, die frisch vom Land hergezogen sind. Aber auch im neuen, stetig wachsenden Teil Borgfelds mit vielen Ein- und Zweifamilienhäusern ist es recht beschaulich. Das zieht vor allem junge Familien mit Kindern an. Und die kommen voll auf ihre Kosten,

hat Borgfeld doch alleine zwei Grundschulen und der Weg zum Familien-Picknick im Grünen ist auch nicht weit. Obwohl Borgfeld etwas weiter von der Innenstadt entfernt ist, komplett abgeschnitten vom pulsierenden städtischen Leben in Zentrum bist du hier dank der Straßenbahnlinie 4 nicht.

Der besondere Platz

Der **Wümmehof** verleiht Borgfeld eine aristokratische Note, gehörte er doch lange Jahre dem Hause Hohenzollern, das – wäre Deutschland noch eine Monarchie – den Kaiser stellen würde. Erst 2010 verließ der letzte Spross dieser Dynastie den Hof. Borgfeld jedoch ist noch immer ein wenig stolz.

INFOBOX

Miethöhe:	
Distanz zum Roland:	12,5 km
Hochhausfaktor:	
Grünfläche:	
U-30-Quote:	7,3 %
Kneipendichte:	

GRÖSSTES NATURSCHUTZGEBIET (BORGFELDER WÜMMEWIESEN)

STADTTEILREKORD

Bremen endlich   endlich   endlich   Bremen

// 16 Wo wohnst Du?   zu Hause   Park
gemütlich   Heimat
wohnen

2 Hemelingen

Auf einem ebenfalls vergleichsweise großen Gebiet breitet sich der Stadtteil Hemelingen aus. Daher kann „ich wohne in Hemlingen" so einiges bedeuten. Der Hemelinger Ortsteil **Hastedt** z.B. liegt als direkter Nachbar der Östlichen Vorstadt relativ nah am begehrten und szenigen Viertel. Aus diesem Grund und weil die Mieten hier verhältnismäßig günstig sind, ist es gerade auch bei jüngeren Leuten ziemlich beliebt, sich hier eine Bleibe zu suchen.

Der Ortsteil **Hemelingen** ist gewissermaßen die Verlängerung von Hastedt und überwiegend von Seitenstraßen mit Einfamilienhäusern geprägt. Zwar ist diesem Ortsteil anzusehen, dass er jahrelang vernachlässigt wurde, aber seit einigen Jahren gibt es viele Projekte, um den Ortsteil aufzuwerten und zu verschönern. Sowohl in Hemelingen als auch im Ortsteil **Sebaldsbrück** gibt die Industrie den Ton an. In Hemelingen sind das vor allem Coca-Cola und eine Kaffeerösterei; in Sebaldsbrück Mercedes-Benz. Es scheint, als hätte sich ganz Sebaldsbrück auf diesen Autobauer eingestellt, aber es soll hier durchaus auch Menschen geben, die nicht bei Daimler beschäftigt sind.

Von all dem bekommen die beiden Ortsteile **Mahndorf** und **Arbergen** nicht viel mit. Zwar leben auch hier einige Menschen, die in der Automobilbranche ihr Brot

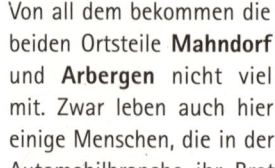

ÄLTESTE DISCO: DAS ALADIN

verdienen, in Arbergen und Mahndorf lebt es sich aber ruhig und fast schon ländlich. Das geht so weit, dass viele Nichtbremer und sogar Bremer Arbergen und Mahndorf nicht selten für Dörfer des benachbarten Niedersachsens halten. Von diesen Ortsteilen aus bist du auch eine Weile unterwegs, bis du in Bremens guter Stube, dem Marktplatz, angelangt bist.

INFOBOX

Miethöhe:	
Distanz zum Roland:	7,5 km
Hochhausfaktor:	
Grünfläche:	
U-30-Quote:	15,3 %
Kneipendichte:	

Der besondere Platz

Wenn du in der sonst so geschäftigen Stadt einen Ort der Ruhe suchst, kannst du über den **Hastedter Friedhof** spazieren und die alten, teilweise prächtigen Grabsteine längst verstorbener Hastedter bestaunen. Was ein bisschen morbide klingen mag, ist ein wirklich lohnenswerter Besuch. In direkter Nachbarschaft findest du übrigens auch den alten **Jüdischen Friedhof**, der, versteckt in der Deichbruchstraße gelegen, beinahe eine Oase der Ruhe darstellt.

3 Horn-Lehe

Der Stadtteil Horn-Lehe ist unterteilt in die Ortsteile **Horn**, **Lehe** und **Lehesterdeich**. Der historisch geprägte Ortsteil **Horn** ist seit jeher eine edle Adresse für die feinen Bürger Bremens – und die feinsten wohnen in der Marcusallee, die direkt an den Rhododendronpark grenzt.

Weniger fein und gutbürgerlich, aber nicht weniger schön, geht es im Ortsteil **Lehe** zu. Hier hat nicht nur die Universität ihren Platz

//18 Wo wohnst Du?   zu Hause   Park
gemütlich   Heimat
wohnen

gefunden, sondern – das liegt fast in der Natur der Sache – auch viele Studenten ihr zu Hause. Mit einem Zimmer in einem der Studentenwohnheime kannst du nicht nur bei der Miete sparen, du bist auch selten allein. Und so kann es gut sein, dass du von Partys vielleicht erst einmal genug hast, wenn du am Ende wieder auszieht.

Eher behäbig statt jung und ungestüm kommt der Ortsteil **Lehesterdeich** daher. Hier spürst du schon die Nähe zum wohlhabenden Stadtteil Oberneuland und dir wird klar, weshalb Horn-Lehe trotz der vielen Studenten ein dafür ungewöhnlich hohes Durchschnittsalter hat.

INFOBOX

Miethöhe:	
Distanz zum Roland:	7,5 km
Hochhausfaktor:	
Grünfläche:	
U-30-Quote:	19,1 %
Kneipendichte:	

Der besondere Platz

Der **Rhododendronpark** ist während der Blüte der absolute Knüller. Das sieht nicht nur berauschend aus, das riecht auch so. In der botanika, einer gut durchdachten Ausstellung, die sich ebenfalls im Rhododendronpark befindet, kannst du durch alle Klimazonen wandeln und die exotische Atmosphäre auf dich wirken lassen. Der

GRÖSSTE HOCHSCHULE
STADTTEILREKORD

Stadtwaldsee, auch „Unisee" genannt, ist ein guter Grund, den Sommer nicht nur im Hörsaal zu verbringen.

4 Oberneuland

Im Gegensatz zum angrenzenden Borgfeld wohnen in Oberneuland überwiegend wohlhabende Leute. Zwar gibt es auch hier Mietwohnungen, die stehen aber vorwiegend an den Hauptstraßen oder den Übergängen zu Borgfeld. Das eigentliche Oberneuland ist bekannt für seine Villen, seine mondänen Herrenhäuser und seine betucht-betulichen Bewohner. Da mag der durchschnittliche Bremer bei der Erwähnung Oberneulands die Nase rümpfen – eines kann aber auch er nicht von der Hand weisen: dass es wirklich schön ist in Oberneuland. Und auch die Umgebung Oberneulands mit ihren Wiesen, dem Fluss Wümme und den schönen Radwegen macht diesen Stadtteil wirklich lebenswert. Nur schade, dass man dafür tiefer in die Tasche greifen muss.

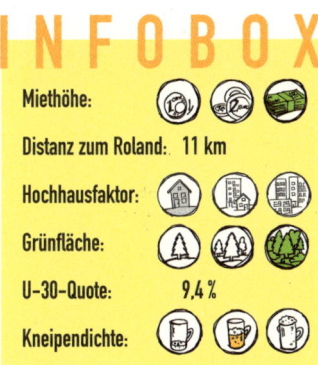

INFOBOX

Miethöhe:
Distanz zum Roland: 11 km
Hochhausfaktor:
Grünfläche:
U-30-Quote: 9,4 %
Kneipendichte:

Der besondere Platz

Nicht nur die vielen feudalen Häuser laden zum Stehenbleiben, Staunen und Träumen ein, vor allem die **Oberneulander Parks** sind traumhaft schön. In der früheren industriellen Hochzeit Bremens als private

//20 Wo wohnst Du?

Gärten genutzt, stehen sie nun größtenteils der Öffentlichkeit zur Verfügung – alles andere wäre auch pure Verschwendung.

5 Osterholz

Osterholz belegt beim Hochhausfaktor-Ranking hinter der Vahr zwar nur den zweiten Platz, denn insbesondere der Ortsteil **Osterholz** hat noch klassische und ältere Siedlungen aus Einfamilienhäusern zu bieten. Insgesamt sieht der Bremer vor seinem geistigen Auge aber hauptsächlich eines, wenn der Name Osterholz fällt: Hochhäuser, Hochhäuser und noch mehr Hochhäuser.

Besonders im Ortsteil **Tenever** wird deutlich, dass Stadtplaner in den 70er Jahren wohl davon ausgingen, dass Menschen sich gerne hoch stapeln lassen. Doch das war nicht der Fall und Osterholz-Tenever war schon kurz nach Fertigstellung als Brutstätte des Chaos und Ghetto der Kriminalität verrufen. Durch Sanierungen, soziale Einrichtungen und Concierges konnte der Ortsteil in den letzten Jahren aufgewertet werden und für viele Menschen ist er inzwischen so wohnenswert, dass sie nicht mehr hier weg wollen. Der schlechte Ruf ist trotz allem geblieben.

Der Ortsteil **Blockdiek** ist eine ebenso klassische Neubausiedlung in Osterholz. Auch Blockdiek ist mit den wohnblocktypischen günstigen Mieten gesegnet und kann ein eigenes, großes

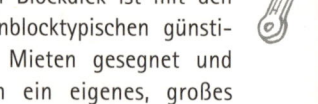

GRÖSSTES EINKAUFSZENTRUM DER WESERPARK

Einkaufszentrum vorweisen. Die Ortsteile **Ellener Feld** und **Ellenerbrok-Schevermoor** hingegen zeigen sich von einer nicht ganz so sichtbetonlastigen Seite.

Der besondere Platz

Der beinahe parkähnlich angelegte **Osterholzer Friedhof** bietet Ruhe, aber auch Konfrontation mit der deutschen und bremischen Geschichte: Hier liegen nicht nur Bremer aus verschiedenen Epochen, sondern auch viele Opfer der beiden Weltkriege.

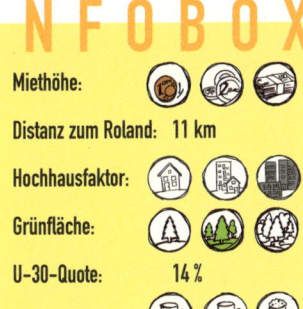

INFOBOX

Miethöhe:

Distanz zum Roland: 11 km

Hochhausfaktor:

Grünfläche:

U–30-Quote: 14 %

Kneipendichte:

6 Östliche Vorstadt

Mitten auf der Sielwallkreuzung liegt die unsichtbare Grenze zwischen den Stadtteilen Mitte und Östliche Vorstadt; viele Bremer wissen nicht einmal, dass **das Viertel** eigentlich aus zwei Stadtteilen besteht. Die zentrale Straße „Ostertorsteinweg" wird nach der Siewallkreuzung zur Straße „Vor dem Steintor", ansonsten bleibt alles wie gehabt: Kneipen, Kioske, Dönerläden und die kunterbunte Mischung aus Menschen jeglicher Natur und Nation.

Eigentlich musst du als Bewohner des **Steintors** den Ortsteil gar nicht verlassen. Er hat alles, das Positive wie auch das Negative. Du findest Kleidung, Lebensmittel und Bücher, lebst dafür aber auch im Zentrum des Bremer Drogenhandels mit all

//22 Wo wohnst Du?

seinen Begleiterscheinungen. Gefährlich ist das aber zumindest für die Nichtkonsumenten nicht – das Steintorvolk hat sich arrangiert.

INFOBOX

Miethöhe:

Distanz zum Roland: 1 km

Hochhausfaktor:

Grünfläche:

U-30-Quote: 17,8 %

Kneipendichte:

Stadtauswärts links gelegen findest du den Ortsteil **Fesenfeld**, der genauso wie der übrige Teil des Steintors mit vielen charakteristischen Altbremer Häusern bestückt ist, aber auch mit allerlei Kneipen und Bars, um deinen Durst zu bekämpfen. Da allzu langes Rumlaufen bekanntlich stimmungstötend ist, gibt es im Fesenfeld zum Glück das Bermuda-Dreieck. Auf wenigen Metern kannst du hier von einer Kneipe in die nächste fallen. Verloren gehen da höchstens die guten Vorsätze oder am nächsten Morgen die Erinnerung an die durchzechte Nacht.

Auf dem **Peterswerder** dagegen ist alles etwas beschaulicher. Der hohe Bestand Altbremer Häuser und die damit verbundenen hohen Mieten lassen beinahe einen dörflichen Charakter entstehen – bis Werder Bremen spielt. Dann verwandelt sich das Peterswerder in eine brodelnde und manchmal auch explosive Mischung aus Alkohol und Testosteron; der Vorgarten muss dann nicht mehr gegossen und das Radio nicht mehr angeschaltet werden, da jedes Raunen und jeder Jubel aus dem im Stadtteil direkt an der Weser gelegenen Stadion ungefiltert in die Häuser geblasen wird.

HÖCHSTE EINWOHNERDICHTE

Und sollte dabei jemand zu Schaden kommen, das Klinikum Mitte ist gleich nebenan – genauer gesagt im Ortsteil **Hulsberg**. Das riesige Krankenhausgelände ist fast schon ein Stadtteil für sich und nimmt fast 25 Prozent der Fläche ein. Mehr als im Peterswerder dominieren hier Mehrparteienhäuser. Hulsbergs Nähe zur Bahnlinie hat im Zweiten Weltkrieg auch hier für große Schäden gesorgt. Anders als in anderen Stadtteilen wurde aber anscheinend während des Wiederaufbaus auch Wert auf die Optik gelegt.

Der besondere Platz

Da das Steintor zumindest die Hälfte der Kreuzung für sich beanspruchen kann, ist einer der besonderen Plätze auch hier natürlich das **Sielwall-Eck**. Daneben lockt im Peterswerder regelmäßig das **Weserstadion** zu Fußball, Bier und Bratwurst.

7 Schwachhausen

Der Begriff Schwachhausen ist in Bremen gleichbedeutend mit Wohlstand, den man hier auch dezent oder weniger dezent zeigt. Das ist vor allem in den Ortsteilen **Schwachhausen**, **Gete**, **Bürgerpark** und **Riensberg** der Fall, wo teilweise imposante Villen mit stuckverzierten Fassaden stehen und die Altbremer Häuser schon mal bis zu 400m² Wohnfläche haben können. Die Nähe zum gleichnamigen Park macht den Ortsteil Bürgerpark natürlich äußerst attraktiv. Mit dem **Focke-Museum** hat der ruhige und beschauliche Ortsteil Riensberg das bremische Heimatmuseum zu bieten. Und auch

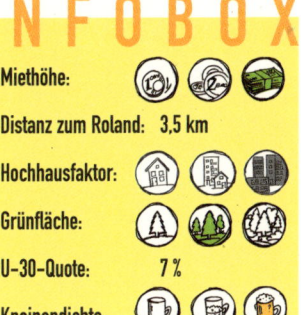

INFOBOX

Miethöhe:
Distanz zum Roland: 3,5 km
Hochhausfaktor:
Grünfläche:
U-30-Quote: 7 %
Kneipendichte:

//24 Wo wohnst Du?

zu Hause Park gemütlich Heimat wohnen

das eigentliche Schwachhausen ist gediegen, mit schmucken Einfamilienhäuser in ruhiger Lage. Wenn du also mal erwähnen solltest, dass du in Schwachhausen wohnst, wird dein Gegenüber vermutlich automatisch davon ausgehen, dass dein Bankkonto gut gefüllt, deine berufliche Laufbahn erfolgreich oder dein Erbe immens sein muss.

Doch in Schwachhausen gibt es auch eine andere, etwas weniger exklusive Seite. Das hat Schwachhausen den Ortsteilen **Neu-Schwachhausen**, **Radio Bremen** und teilweise **Barkhof** und **Gete** zu verdanken. Hier gibt es im Gegensatz zu den geruhsamen und schickeren Ortsteilen dann doch ein paar Wohnblöcke. Barkhof, der am Bahnhof gelegene Ortsteil, ist nämlich vom Krieg nicht verschont geblieben, hat jedoch trotz der Nachkriegsbauten seinen teilweise hochwertigen Charakter beibehalten können. Neu-Schwachhausen wird seinem Namen gerecht. Was man vom Ortsteil Radio Bremen nicht behaupten kann, da die Sendeanstalt mit Mann und Maus in den Stadtteil Mitte umgezogen ist. Gete ist gar nicht weit vom pulsierenden Viertel entfernt, aber nicht nur das macht diesen Ortsteil interessant: Er kann auch mit seiner bunt durchmischten Bevölkerung, seiner abwechslungsreichen Bebauung und seiner Nähe zur Uni, zum Bahnhof und zur Innenstadt punkten.

Der besondere Platz

Der **Bürgerpark** ist Bremens grüne Lunge und Anziehungspunkt Nummer eins bei den Bremern, wenn es um Erholung geht. Ob im Schatten der großen Bäume gemütlich rumliegen und ein Eis essen,

GRÖSSTER PARK: DER BÜRGERPARK

durch den Park spazieren, radeln, verliebt im Runderboot sitzen oder was auch sonst die innere Ruhe beflügeln mag – all das geht im Bürgerpark. Aufregend wird's öfter mal im Tiergehege des Parks: Zweimal im Jahr wirft die Sau einen mehr oder weniger großen Wurf

kleiner Ferkel. Dann stehen eine Menge große und kleine Leute am Gatter Schlange, um die süßen Baby-Schweinchen zu bewundern.

8 Vahr

Obwohl es in der Vahr die meisten Wohnblöcke in ganz Bremen gibt, wird sie nicht nur bei jungen Familien immer beliebter. Zwischen den Hochhäusern blitzen übrigens immer wieder kleine Inseln mit Reihenhäusern und neue Siedlungen mit Einfamilienhäusern hervor. Die GEWOBA, die städtische Wohnungsbaugesellschaft, hat hier große Teile des Wohnblockbestands in ihrer Hand. Sie sorgt

nicht nur für günstige Mieten, sondern auch dafür, dass die Wohnungen in Schuss gehalten werden und die Hochhäuser nicht verwahrlosen – auch wenn das ein oder andere Klischee das von ihnen verlangen würde. Mit der **Berliner Freiheit** steht ein in ganz Bremen bekanntes Einkaufszentrum in der Vahr, deutschlandweite Aufmerksamkeit erregte sie

INFOBOX

Miethöhe:			
Distanz zum Roland:	8 km		
Hochhausfaktor:			
Grünfläche:			
U-30-Quote:	15 %		
Kneipendichte:			

//26 Wo wohnst Du?

s. „Bremen fiktiv", S. 230

durch Sven Regeners Roman „Neue Vahr Süd" und der besondere Platz dieses Stadtteils ist sogar über die Grenzen Deutschlands berühmt.

Der besondere Platz

… ist das **Aalto-Hochhaus**. Der finnische Architekt Alvar Aalto ließ das zwölfstöckige Gebäude Anfang der 60er Jahre erbauen. Die Höhe des Hauses ermöglicht einen fantastischen Blick auf die Stadt und die Wohnungen haben großflächige Fenster, die zwar nicht zu öffnen sind, dafür aber durch die Ausrichtung nach Westen eine extra große Portion Abendsonne hereinscheinen lassen.

1 Huchting

Bremens Süden

Auch in Huchting, vor allem in den drei Ortsteilen **Mittelshuchting**, **Kirchhuchting** und **Sodenmatt**, durchmischen sich alte bremische Häuser und gesichtslose Wohnblöcke. Manche Ecken Huchtings sind wirklich sehenswert, andere Stellen jedoch nur mit Vorsicht zu genießen, denn es herrscht nicht überall Friede, Freude, Eierkuchen. Insgesamt hat auch hier der städtische Wohnbau in den 60er und 70er Jahren zugeschlagen, um mit

hohen Wohnhaussiedlungen nicht unbedingt hübschen, dafür aber günstigen Wohnraum für viele zu schaffen.

INFOBOX

Miethöhe:
Distanz zum Roland: 4 km
Hochhausfaktor:
Grünfläche:
U-30-Quote: 13 %
Kneipendichte:

In Huchting leben Alt und Jung mit Kind und Kegel in multikulturellem Flair zusammen. Im Vergleich zu anderen Stadtteilen sind hier wirklich überdurchschnittlich viele Familien mit Kindern zu Hause. Die werden dann auch meist eingepackt zum Shopping im **Roland-Center**, ein Einkaufszentrum der Superlative und bekanntestes Bauwerk Huchtings. Einzig im Ortsteil **Grolland** läufst du vor allem an Einfamilienhäusern vorbei und dementsprechend geht es hier kleinstädtisch bis dörflich zu.

Der besondere Platz

Links und rechts von Huchting gibt es diverse Parks und Naherholungsgebiete, hier fließt die **Ochtum** und wenn du Ruhe vom Stress der großen Stadt suchst, dann kannst du sie hier nur wenige Minuten entfernt finden.

2 Neustadt

Insbesondere im „Flüsseviertel", wo alle Straßen die Namen verschiedenster Flüsse tragen, schlägt das Herz der Neustadt und man munkelt schon, dass sie zum nächsten Viertel wird. Im Kommen ist

// 28 Wo wohnst Du?

sie in jedem Fall und hat so einiges zu bieten: ein multikulturelles und lebendiges Miteinander auf den Straßen und in den kleinen Geschäften des Stadtteils sowie, nicht zu vergessen, ein kulturelles Angebot, das selbst so manchen Viertel-Bewohner anlockt.

Wenn du als Neubremer also eine Wohnung in einem der alten Bremer Häuser im Ortsteil **Alte Neustadt**, **Hohentor**, **Buntentor** oder **Neustadt** suchst, dürftest du mit deinem Wunsch nicht alleine dastehen. Für zusätzliche Spannung auf dem Mietmarkt sorgt die ebenfalls in der Alten Neustadt ansässige **Hochschule Bremen**. Mit etwas Glück lassen sich in der Neustadt aber immer noch Schnäppchen machen, vielleicht nicht unbedingt im schnuckligsten Altbremer Häuschen am Platz, es gibt aber auch hier ein paar der wohl unvermeidlichen Wohnblöcke aus der Nachkriegszeit.

Im Ortsteil **Gartenstadt** dominieren diese sogar. Hier haben die Planer aber wenigstens darauf geachtet, dass zwischen den Blöcken auch Bäume und anderes Grün wachsen können. Eine Augenweide sind solche Bauten trotzdem nicht, dafür aber bezahlbar.

Die Ortsteile **Huckelriede** und **Neuenland** sind zwar recht schön und von Hochhäusern verschont, dafür liegen sie gleich neben dem

Flughafen. Wer hier wohnt, wird mitunter den Eindruck haben, dem gerade landenen Mallorca-Urlauber zuwinken zu können. Doch wer braucht schon Malle, wenn er wie die Neustädter den Werdersee direkt vor der Nase hat?

Der besondere Platz

Der **Werdersee** erfrischt nicht nur im Sommer und lädt im Winter zum Schlittschuhlaufen ein, er ist auch die perfekte Strecke für ambitionierte Jogger. Strand und Liegewiese der unterschiedlichen Bewohner ist der Werdersee für die Neustädter sowieso: Was will man mehr?

INFOBOX

Miethöhe:	🎧 🎧 🏘
Distanz zum Roland:	1 km
Hochhausfaktor:	🏠 🏢 🏢
Grünfläche:	🌲 🌳 🌲
U-30-Quote:	24 %
Kneipendichte:	🍺 🍺 🍺

3 Obervieland

Auch Obervieland ist ein Stadtteil mit unterschiedlichen Gesichtern. **Habenhausen** beispielsweise hat einen teilweise noch dörflichen Charakter und normalerweise ist es hier auch angenehm ruhig – wenn mal kein Flugzeug den Bremer Flughafen ansteuert. Da der Bremer Flughafen aber ein eher kleiner Flughafen ist, hält sich die Geschäftigkeit am Himmel in Grenzen und es lässt sich sehr gut in Habenhausen leben. Der Radweg ins Grüne ist auch gleich um die Ecke, ebenso der **Werdersee**.

//30 Wo wohnst Du?

Auch **Kattenesch** hat durchaus noch seine ruhigen Ecken, die aber zunehmend Siedlungen aus Einfamilienhäusern weichen müssen: Familien schätzen die Lage Katteneschs direkt an der Grenze zu Niedersachsen, wo sich sofort nach Verlassen des Bremer Bodens die Outlet-Läden häufen. Neu eingekleidet geht es sich ja auch gleich beschwingter ins daneben liegende schwedische Möbelhaus.

Relativ fließend ist der Übergang stadteinwärts von Kattenesch nach **Kattenturm**, wo mehr oder weniger geschmackvolle Wohnsilos das Bild beherrschen. Es gibt zwar auch „normale" Häuser, diese haben es jedoch schwer, sich unter den Hausriesen zu behaupten. Und dann gibt es noch **Arsten**, ebenfalls expandierender Ortsteil, mit einem Wohnblock-Einfamilienhaus-Gemisch. Habenhausen und auch Arsten haben trotz der nahezu nicht mehr vorhandenen geschichtlichen Zeugnisse eine wirklich aufregende Historie: Im Windschatten des Dreißigjährigen Krieges gab es tatsächlich mal einen Krieg Bremen gegen Habenhausen, wobei das standhafte Dorf Arsten auf der Seite Habenhausens kämpfte ...

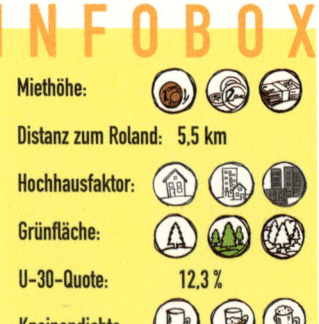

INFOBOX

- Miethöhe:
- Distanz zum Roland: 5,5 km
- Hochhausfaktor:
- Grünfläche:
- U-30-Quote: 12,3 %
- Kneipendichte:

Der besondere Platz

Wer seinen Drahtesel mag, sollte mal mit dem Rad auf dem **Deich** Richtung Innenstadt fahren, eine kleine Pause einlegen und das Getümmel auf dem **Bremer Flughafen** betrachten. Vom Deich aus hast du einen hervorragenden Blick auf die startenden und landenden Flugzeuge und kannst dich gleich mit in den Urlaubsflieger Richtung Süden träumen.

4 Seehausen

Auch Seehausen erscheint eher wie ein Dorf mit Stadtanbindung; ebenso wie Strom liegt Seehausen am Güterverkehrszentrum (GVZ) und am Fluss Wümme. Schön ist es in Seehausen und die Ureinwohner behaupten auch nicht, dass sie aus Bremen stammen, nein: Seehauser sind zunächst einmal Seehauser und erst dann Bremer. Da macht es dann auch nichts, dass in Seehausen die städtische Kläranlage beheimatet ist und auf der anderen Weserseite das Stahlwerk vor sich hin dampft ...

INFOBOX

Miethöhe:	
Distanz zum Roland:	11,4 km
Hochhausfaktor:	
Grünfläche:	
U-30-Quote:	13,8 %
Kneipendichte:	

Der besondere Platz

... ist die Weser. Auch wenn du nicht gerade auf gigantische Industrieanlagen wie das auf der anderen Weserseite befindliche Stahlwerk stehst,

kommst du in Seehausen voll auf deine Kosten. Denn die Lage an der Weser garantiert so manchen lauen Sommerabend am Flussufer.

5 Strom

Strom ist eigentlich kein Stadtteil, sondern lediglich ein Ortsteil, was ihn jedoch nicht daran hindert, ein weiteres Dorf in der Hansestadt zu sein. Mit Seehausen und Teilen des Neustädter Hafens teilt sich Strom auch das riesige Areal des Güterverkehrszentrums (GVZ). Wer nun denkt, Strom hätte wegen des GVZ und des Schwerlastverkehrs dorthin

keine schönen Seiten zu bieten, liegt falsch: Geprägt von Landwirtschaft, ist der Ortsteil erstaunlich grün, geradezu idyllisch und außerdem für viele Bremer ein beliebtes Ausflugsziel.

Der besondere Platz

Die **Ochtum**, der kleine Fluss, der Strom seine Bezeichnung gab, ist nicht nur schön, sie bietet auch hervorragende Bedingungen zum Kanufahren und für andere Sportmöglichkeiten – nicht ohne Grund gibt es gleich drei Wassersportvereine in Strom.

INFOBOX

Miethöhe:	
Distanz zum Roland:	8,5 km
Hochhausfaktor:	
Grünfläche:	
U-30-Quote:	12,3 %
Kneipendichte:	

NIEDRIGSTE MIETEN
STADTTEILREKORD

6 Woltmershausen

Wenn du am Ende der Neustadt den Bahntunnel durchquerst, kommst du in Woltmershausen wieder raus. Woltmershausen liegt an der Weser und hier haben sich so einige Firmen angesiedelt. Der Neustädter Hafen liegt weiter stadtauswärts – da, wo Rablinghausen beginnt. Beide Ortsteile, **Woltmershausen** und **Rablinghausen**, sind also durch die Nähe zum Hafen geprägt. Da wundert es kaum, dass viele Hafenarbeiter und auch einige Arbeiter einer hiesigen Tabakfabrik hier ihre Bleibe gefunden haben.

Für waschechte Woltmershauser ist es emotional sehr aufwühlend, wenn sie einmal aus dem Stadtteil wegziehen müssen: Sie nehmen dann auch weite Wege auf sich, um weiterhin den TS Woltmershausen spielen zu sehen, zu IHREM Frisör zu gehen oder um ab und an mal nachzuschauen, ob die alte Stammkneipe noch steht.

Der besondere Platz

Seit ein paar Jahren können die Woltmershauser zu ihrem eigenen **Badestrand** pilgern; dieser Strand bietet einen dieser raren Plätze, wo du nicht nur in der Sonne brüten, sondern auch Schiffe auf der Weser an dir vorbeiziehen lassen kannst.

INFOBOX

Miethöhe:		
Distanz zum Roland:	2,1 km	
Hochhausfaktor:		
Grünfläche:		
U-30-Quote:	16,1 %	
Kneipendichte:		

ÄLTESTER EICHENBESTAND BREMENS

//34 Wo wohnst Du?   zu Hause   Park
gemütlich   Heimat
wohnen

1 Blockland

Bremens Westen

Das **Blockland** ist ein weiteres Dorf der Hansestadt. Dass es hier überhaupt Häuser und Wohnungen zur Miete gibt, wissen wohl die wenigsten Bremer. Falls du aber solch ein Mietobjekt ergattert hast, bist du mittendrin im ultimativen Naherholungsgebiet Bremens – nicht mal ein Linienbus hält hier. Du bist also angewiesen auf gutes Schuhwerk, dein Auto oder aber auf dein Fahrrad.

Nirgendwo sonst in Bremen kannst du deinem Drahtesel so schön und abwechslungsreich Auslauf gewähren. An der Wümme oder an einem der zahlreichen Entwässerungsgräben entlang entfaltet das Blockland sein wahres Potenzial: Felder, so weit das Auge reicht und sogar den höchsten Berg Bremens hat das Blockland zu bieten. Er misst 49 Meter und ist der nach und nach aufgeschüttete und dann mit Erde bedeckte Müllberg neben der ebenfalls im Blockland befindlichen Deponie.

Die Wümme kannst du mit dem Kanu erkunden oder aber auch mit dem Torfkahn, der vom Torfhafen in **Findorff** ablegt, durch das Blockland fährt und regelmäßig Linienfahrten anbietet. Einmal im Jahr allerdings heißt es Reißaus nehmen! Dann ist Himmelfahrt,

manchen besser als „Vatertag" bekannt. Unzählige Menschen jeglichen Alters und Geschlechts ziehen dann grölend zu Fuß, auf dem Rad oder auf dem Zahnfleisch durch das Blockland und verwandeln das gesamte Naherholungsgebiet in eine Partysperrzone. An den übrigen Tagen herrscht jedoch erholsame Ruhe, nur unterbrochen von dröhnenden Treckern und pampigen Rennradfahrern, die im ständigen Clinch mit den überall im Blockland frei rumlaufenden Hühnern liegen.

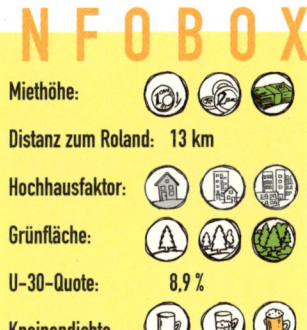

INFOBOX

Miethöhe:

Distanz zum Roland: 13 km

Hochhausfaktor:

Grünfläche:

U-30-Quote: 8,9 %

Kneipendichte:

Der besondere Platz

Im Blockland gibt es den **Bauernhof Kaemena**, der aus seiner Milch, die übrigens bio ist, auch Eis herstellt. Kauf dir also ein Eis, setz dich an den Deich und genieße die Ruhe und den Ausblick!

2 Findorff

Der Stadtteil **Findorff** ist nicht nur bei gebürtigen Bremern beliebt, auch viele neu Zugezogene gehen hier auf Wohnungssuche. Findorff mag zwar nicht den Preis für den schönsten Stadtteil Bremens gewinnen, aber hässlich ist es hier bei weitem auch nicht und außerdem liegt Findorff sehr zentral. Ob Uni, Innenstadt oder Bürgerpark,

//36 Wo wohnst Du?

von hier aus erreichst du alles schnell und gut und obendrein sind die Mieten recht erschwinglich. Diese fast unwiderstehliche Kombination sorgt dafür, dass vor allem immer mehr junge Leute in den Stadtteil strömen.

Und Findorff hat auch einige Attraktionen zu bieten, die manchmal sogar Leute aus anderen Stadtteilen hierher ziehen. Der Ortsteil Findorff-Bürgerweide etwa kann mit der gleichnamigen Bürgerweide aufwarten, einer riesigen Freifläche, auf der in den Sommermonaten sonntags Bremens schönster **Flohmarkt** stattfindet und jedes Jahr im Oktober der **Freimarkt** – Bremens „fünfte Jahreszeit" und Deutschlands ältestes Volksfest. Das **Kulturzentrum Schlachthof** liegt ebenfalls an der Bürgerweide. Hier geht es im Gegensatz zur Freimarkt-Schunkelfraktion bei Konzerten, Lesungen und Partys alternativ bis punkig-autonom und wohltuend unaufgeregt zu. Übrigens hatten die Toten Hosen im Keller des Schlachthofs, dem **Magazinkeller**, ihren allerersten Auftritt …

INFOBOX

Miethöhe:
Distanz zum Roland: 2,9 km
Hochhausfaktor:
Grünfläche:
U-30-Quote: 17,9 %
Kneipendichte:

Der besondere Platz

Im Frühling und im Sommer legen im **Torfhafen Findorff** urige Torfkähne ab, die dich bequem durch das Blockland schippern. Hier im Hafen kannst du dir aber auch Kanus oder Kajaks leihen, wenn du

BREMENS SCHÖNSTER WOCHENMARKT

selbst auf Entdeckungstour gehen willst. Und falls du beides nicht möchtest, dann leg dich in den nächsten Liegestuhl und lass dir ein kühles Getränk mit Blick aufs Hafentreiben bringen. Oder geh auf den **Findorff-Markt**, der dienstags, donnerstags und samstags frische Waren und typischen Bremer Schnack bietet.

3 Gröpelingen

Gröpelingen ist geprägt von den Zerstörungen des Krieges, aber auch von den alten Bremer Werften und Häfen. Der Niedergang der Werftindustrie hat diesen Stadtteil ziemlich erschüttert und verändert: Die traditionelle Arbeiterklasse ist überwiegend weggezogen und eine neue Bevölkerungsstruktur aus Alteingesessenen, Gering- bis Garnicht-Verdienern und Migranten ist entstanden. Diese Mischung birgt jedoch kein zusätzliches Konfliktpotenzial und wegen der vergleichsweise niedrigen Mieten wird der Stadtteil auch mehr und mehr für junge Leute und Studenten interessant.

Auch der Ortsteil **Lindenhof** ist im Kommen: War dieser Ortsteil vorher dafür bekannt, dass man nicht nur nicht nachts, sondern am besten gar nicht dorthin fahren sollte, wird das Lindenhofquartier zunehmend für das jüngere Klientel ohne Messer in der Tasche interessant. Und folgst

//38 Wo wohnst Du?

du der Lindenhofstraße Richtung Wasser, kommst du automatisch zum Shoppingtempel Waterfront, der zwar größtenteils auch nur all die Läden beherbergt, die es in allen anderen Shoppingtempeln auch gibt; interessant ist jedoch seine bombastische Architektur.

Im Ortsteil **Ohlenhof** wird gewohnt – nicht mehr, nicht weniger. Und ob der Ortsteil nun schön ist, abwechslungsreich oder gruselig, das muss wohl jeder Wohnwillige für sich entscheiden. Wie auch immer dein Urteil ausfallen mag, es ändert nichts daran, dass Ohlenhof der am dichtesten besiedelte Fleck in Gröpelingen ist.

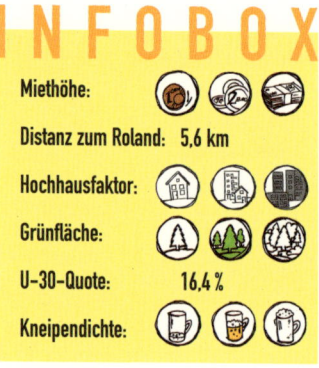

INFOBOX

Miethöhe:
Distanz zum Roland: 5,6 km
Hochhausfaktor:
Grünfläche:
U-30-Quote: 16,4 %
Kneipendichte:

Das ist **In den Wischen** überhaupt nicht der Fall. Wohnt da überhaupt jemand? Ebenfalls direkt neben dem Waller Feldmarksee gelegen, bist du hier mitten in einem Kleingartengebiet. Die wenigen Leute, die hier wirklich wohnen, haben kriegsbedingt ein lebenslanges Wohnrecht: In den sogenannten „Kaisen-Häusern" (benannt nach dem Bürgermeister Wilhelm Kaisen), die während der Wohnungsnot nach dem Ende des Zweiten Weltkriegs im Kleingartengebiet entstanden.

Falls du mal jemanden triffst, der behauptet, in „Oslebs" gewohnt zu haben, dann meint er übrigens nicht unbedingt den Ortsteil **Oslebshausen**, sondern vermutlich die Bremer JVA. Das ist kein schnöder Knast, sondern ein wirklich schönes, an eine Kirche erinnerndes Bauwerk – nur eben mit einer drahtbestückten Mauer drum herum. Oslebshausen ist erst auf den zweiten Blick schön, aber wenn du genau hinschaust, wirst du einige herrschaftliche und

großartige Gebäude sehen können. Außerdem hat der Ortsteil einen schönen und ruhigen Park. Von der JVA in der Nachbarschaft solltest du dich nicht abschrecken lassen, denn immerhin gehen diese Nachbarn selten aus, betrinken sich nicht grölend auf der Straße und verrichten ihr Geschäft nicht in deinem Vorgarten.

Der besondere Platz

Mit dem **Waller Feldmarksee** hat das quirlige Gröpelingen eine Oase der Ruhe direkt vor seiner Haustür. Zwar wissen das auch alle anderen Gröpelinger, so dass die Ruhe vielleicht das ein oder andere Mal auf der Strecke bleibt, erfrischen kannst du dich hier aber auf jeden Fall.

4 Walle

Dafür, dass nahezu der gesamte Bremer Westen aufgrund seiner Nähe zu den Häfen und den Werften im Krieg praktisch eingeebnet wurde, hat Walle doch erstaunlich schöne Ecken zu bieten. Zu den Hochzeiten der Werften schlug hier das Bremer Herz, was auch die schnell nach dem Krieg hochgezogenen Mehrparteienhäuser im Ortsteil **Osterfeuerberg** nicht verhindern konnten.

Der Stadtteil beherbergt inzwischen die **Hochschule für Künste** und macht Walle auch dadurch zu einem Wohnziel, das immer beliebter wird. Die Hochschule befindet sich übrigens im **Speicher XI**, das ist ein sehr, sehr langes Backsteinlagerhaus, das neben der Hochschule auch verschiedene Firmen der Kreativbranche sowie

//40 Wo wohnst Du?   zu Hause   Park
gemütlich   Heimat
wohnen

das Hafenmuseum beherbergt. Der Speicher XI liegt direkt vor dem bremischen **Großmarkt**, der wiederum auf dem zugeschütteten Becken des Überseehafens steht, und das alles gehört zum relativ neuen Ortsteil **Überseestadt**. Wohnen am Wasser und die Industrie drum herum. Mit viel Geld ist bekanntlich viel möglich und wenn du es hast, kannst du demnächst mit Blick auf die Weser oder das Hafenbecken deinen süßen Träumen nachgehen.

Wenn du exklusives Wohnen am Wasser zum Glücklichsein nicht zwingend brauchst, dann such dir doch eine Wohnung in **Walle**. „In Walle wohn' se alle", sagt der gemeine Bremer. Das stimmt zwar natürlich nicht wirklich, scheint auf den ersten Blick aber manchmal so zu sein: Ein wuseliges Getümmel von Menschen jeglichen Alters und jeglicher Nationalität an der Hauptstraße, vergammelte Bruchbuden, die sich mit liebevoll gepflegten Häusern abwechseln und in den Nebenstraßen ist es tatsächlich noch so richtig heimelig-bremisch.

Im **Westend** tummelt sich außerdem die alternative Szene, die „was mit Kultur" am Hut hat. Gemütlich ist es auch im Ortsteil **Hohweg**, da es aber vor allem aus Kleingärten und ein paar kleineren Industriegebieten besteht, wohnt hier kaum jemand.

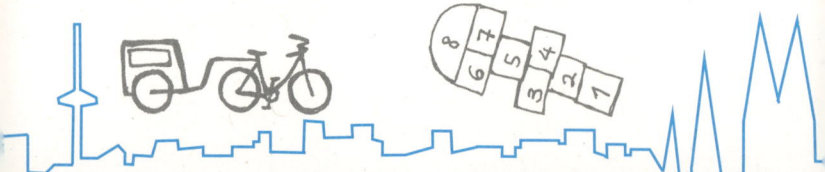

Der besondere Platz

Nur wenig abseits des Trubels kannst du am **Waller Feldmarksee** im Sommer ins kühle Nass eintauchen und sogar surfen. Wenn du lieber ganz deine Ruhe haben möchtest, musst du dich zum **Mäuseturm** begeben, der eigentlich „Molenfeuer Überseehafen Süd" heißt. Hier ist zwar nicht das Ende Bremens oder gar der Welt, weiter geht es aber auch nicht. Hier ist kein Autoverkehr zu hören, nur der für Bremer Ohren entzückend klingende Lärm des Hafens auf der anderen Weserseite.

INFOBOX

Miethöhe:
Distanz zum Roland: 3,5 km
Hochhausfaktor:
Grünfläche:
U-30-Quote: 17,9 %
Kneipendichte:

1 Blumenthal

Bremens Norden

Der Stadtteil Blumenthal mit seinen Ortsteilen **Blumenthal, Farge, Lüssum-Bockhorn, Rekum** und **Rönnebeck** macht wohl vor allem durch seine günstigen Mietpreise auf sich aufmerksam. Für das Wohnen zum kleinen Preis nimmst du jedoch in Kauf, dass selbst die S-Bahn eine knappe Stunde benötigt, um den Bremer Hauptbahnhof zu erreichen. Aber mit einer wesentlich größeren Wahrscheinlichkeit als in Horn-Lehe oder im Viertel wird man dich hier um deine blendende Jugend beneiden

// 42 Wo wohnst Du?   zu Hause   Park
gemütlich   Heimat
wohnen

und bewundern – die meisten Einwohner werden ein gutes Stück älter als du sein.

Der besondere Platz

Mit dem **U-Bootbunker Valentin** hat der Ortsteil Farge ein Monument der grausamen Art. Kaum ein anderes Gebäude kann dir allein wegen seiner unglaublichen Größe den Wahnsinn des Krieges so anschaulich vermitteln. Mehrere zehntausend Zwangsarbeiter mussten diesen Betonklotz errichten; viele ließen dabei ihr Leben und manche sollen sich noch immer im Beton befinden. Der U-Bootbunker Valentin ist ein Mahnmal und auch eine Gedenkstätte für die malträtierten und geschundenen Menschen, die völlig sinnlos dem mörderischen System der Nazis zum Opfer fielen.

INFOBOX

Miethöhe:

Distanz zum Roland: 26 km

Hochhausfaktor:

Grünfläche:

U-30-Quote: 13,9 %

Kneipendichte:

DEUTSCHLANDS EINZIGES SEGELSCHULSCHIFF ALS VOLLSCHIFF

2 Burglesum

In **Burglesum** ist alles möglich: Das mondäne Wohnen in der Villa an der Weser, das ländliche Leben im Reihenhaus am Fluss, aber auch das wahrhaft städtische Hausen im Wohnsilo. Letzten Endes ist es hier wie überall anders auch: eine Frage des Geldes – wobei in Burglesum der durchschnittliche Mietpreis wirklich gering ist. Dafür liegt dieser Stadtteil aber auch nicht gerade neben dem Rathaus – Bremen ist zwar klein, aber laaaaang.

Mit dem Ortsteil **Werderland** hast du allerdings ein richtig schönes Naturschutzgebiet direkt vor der Haustür. Dort lag bis in die 50er Jahre das Dorf Mittelsbühren, bevor der Neubau eines Stahlwerkes diesen Platz für sich beanspruchte. Mittelsbühren wurde also mehr oder weniger eingeebnet, übrig blieb allein die Moorlose Kirche.

Der besondere Platz

Die **Moorlose Kirche**, ist eines der letzten Überbleibsel des Dorfes Mittelsbühren. Hier ist der alte Dorfkern noch zu erahnen. Dem **Naturschutzgebiet Werderland** sei Dank, enden hier viele Ausflüge von Radtour-Liebhabern. Da ist es doch praktisch, dass gleich nebenan der gleichnamige

INFOBOX

Miethöhe:	
Distanz zum Roland:	12,3 km
Hochhausfaktor:	
Grünfläche:	
U-30-Quote:	13,1 %
Kneipendichte:	

Biergarten Moorlose Kirche mit einer Stärkung wartet. Und wer nach dem Besuch im Biergarten nicht mehr weiterradeln kann, den bringt eines der Schiffe am Schiffsanlegeplatz in 45 Minuten wieder sicher zurück in die Bremer Innenstadt.

3 Vegesack

Im Ortsteil **Vegesack** selbst spürst du noch deutlich den Charakter der Hansestadt. In den flussnahen Nebenstraßen findest du alte Kapitänshäuser, die immer noch den Wohlstand ihrer damaligen Bewohner zeigen. Mit diesem maritimen Flair möchte Vegesack Besucher anziehen und diese Rechnung geht auch einigermaßen auf. Jedenfalls ist die Promenade mit dem Segelschulschiff Deutschland durchaus ein Hingucker, ebenso die großen Pötte, die ab und an auf der Weser schippern.

Daneben ist in Vegesack mit seinen verschiedenen Ortsteilen **Aumund-Hammersbeck**, **Fähr-Lobbendorf**, **Grohn** und **Schönebeck** von wohlhabend bis arm, von gut situierten Vierteln bis zu sozialen Brennpunkten, alles vertreten. Und mit der **Jacobs University Bremen** kann sich der Ortsteil Grohn seit 2001 auch mit Bremens einziger privater Uni rühmen.

Der besondere Platz

Wätjens Park ist ein eindrucksvolles Beispiel der Verhältnisse zu den Hochzeiten der Hansestadt. Tatsächlich war dieses weiträumige Gelände bis in den Ersten Weltkrieg hinein in Familienbesitz, erst

dann wurde daraus ein öffentlicher Park. Er war sogar noch größer, nur hat sich die benachbarte Vulkan-Werft im Zuge des Werften-Booms das eine und andere Stück abgeknapst. Trotzdem ist dieser Park wirklich eindrucksvoll und immer wieder einen Besuch wert.

INFOBOX

Miethöhe:			
Distanz zum Roland:	22 km		
Hochhausfaktor:			
Grünfläche:			
U-30-Quote:	14,8 %		
Kneipendichte:			

Selbst-Anzeige

Das Handbuch für die beste Zeit deines Lebens!

Alles für einen guten Start an der Uni, ein erfolgreiches Studium und das Leben drum herum in einem Buch: Von der Studienwahl und Bewerbung über die Finanzierung, Wohnungssuche und die erste Hausarbeit bis hin zum WG-Leben, der Mottenplage im Küchenschrank und dem drohenden Pleitegeier!

ISBN: 978-3-942733-06-9
14,90 €
www.rap-verlag.de

Auch als eBook in allen Stores für nur 11,99 €!

Fo

Straß

Bremen ist zwar eine eher kleine Großstadt, ein „Dorf mit Straßenbahn", wie der Bremer meint, vor allem ist die Stadt aber LANG. Das hast du eventuell schon festgestellt, ebenso wie die Tatsache, dass Bremen gar nicht am Meer liegt, sondern über 60 Kilometer entfernt: Wie also dahin kommen? Oder von Bremen-Nord in die Bremer Innenstadt? Braucht man da etwa ein Auto? Wohl eher nicht, denn es gibt ja zum Glück jede Menge Alternativen. Mal sehen … vielleicht …

… zu Fuß

Zu Fuß lässt sich in Bremen ziemlich alles erreichen, zumindest, wenn du Zeit hast. Zwar ist es illusorisch zu denken, ein kleiner Spaziergang von Bremen-Nord in die Innenstadt sei möglich – das ist eine Wanderung, die durchaus einen ganzen Tag dauern kann. Zumindest aber in deinem Stadtteil musst du nicht befürchten, von den schönen und strategisch wichtigen Punkten abgeschnitten zu sein. Alle Ziele sind dort, wo auch Fußkranke und chronisch faule Menschen hingelangen können.

Studenten haben – entgegen der Meinung vieler Nichtakademiker – tatsächlich häufig keine Zeit. Oft muss es schnell gehen und man hetzt von einer Vorlesung zur nächsten.

Die Uni Bremen hat den Vorteil, dass die zentralen Gebäude dicht beieinander sind. Zumindest im so genannten „Technologiepark" liegt kein Gebäude mehr als 1,5 Kilometer entfernt. Das ist besonders praktisch für Naturwissenschaftler, für die es dann gar keine Notwendigkeit gibt, das Gelände zu verlassen. Die Geisteswissenschaftler hingegen müssen sich auch schon mal auf die Socken machen, um bestimmte Fachinstitute zu

erreichen. Was für eine Latscherei! Da leiden sowohl Füße als auch Schuhe. Aber was tun, wenn der Absatz abbricht oder sich die heiß gelaufene Sohle löst? Genau – zum Schuster gehen:

In der **Schuhmacherei Weiß** (Hemelinger Heerstr. 24a) gibt es Abhilfe bei durchgelaufenen Sohlen. www.schuhmacherei-weiss.de

In **Wilfrieds Schuhpraxis** (Ostertorsteinweg 65) gibt es ebenfalls Schuster-Handwerk vom Feinsten. Und das nun schon seit beinahe 30 Jahren.

Alfred Engelke wartet in der Vahr (Berliner Freiheit 1) auf kaputte Schuhe und andere Lederwaren.

... mit dem Fahrrad

Wer das ewige Laufen satt hat, der fährt mit dem Rad. Das kannst du in Bremen wirklich hervorragend, denn es gibt nahezu überall Fahrradstraßen und Radwege. Aber aufgepasst: Diese Wege sind nur manchmal gut ausgebaut. Da wirkt ein Licht am Fahrrad Wunder, so siehst du nämlich die kraterähnlichen Schlaglöcher besser.

Auf Schlaglöcher kannst du achten, aber nicht immer und nonstop auf dein geparktes Rad. Unabdingbar ist deshalb ein richtig gutes Bügelschloss, das zwar keinen hundertprozentigen Schutz bietet, die Langfinger aber Zeit kostet.

Das hilft natürlich nichts, wenn du dein Rad nicht anschließt: „Nur mal kurz in den Laden" hat schon viele Bremer zu Fußgängern gemacht. Wenn du dein Rad nicht an einen Pfahl oder einen Fahrradbügel anschließt, kann es sehr gut sein, dass es weggetragen wurde, während du dir das Wochenendbier in den Einkaufswagen legst. Aber auch Bügel oder Pfeiler hindern manch versierten Profi nicht, die vermeintliche Sicherung durchzusägen, das Straßenschild aus der Straße zu reißen oder alle abschraubbaren Teile deines geliebten Drahtesels mitzunehmen.

Das wird dir nicht passieren, wenn du dein Rad in eines der bewachten Parkhäuser stellst. Diese Radhäuser werden vom **Allgemeinen Deutschen Fahrradclub (ADFC)** betrieben und sind jederzeit geöffnet. Du findest sie am Hauptbahnhof und am Bahnhof Vegesack. An beiden Parkhäusern betreibt der ADFC auch eine Fahrradstation, wo du nicht nur Klingeln und Reifen, sondern auch Fahrradwanderkarten und eine Werkstatt findest, in der dein Fahrrad günstig repariert wird. www.adfc-bremen.de

Und wenn dein Rad mal wirklich nicht mehr will, dann kannst du es auch mit Bus und Bahn transportieren – vorausgesetzt, du hast 1,80 Euro übrig.

Ist das nicht der Fall, dann lass es an der **Bike & Ride-Station** stehen, während du dein Werkzeug holst. Davon gibt es beinahe 50 über das gesamte Bremer Stadtgebiet verteilt. www.vmz.bremen.de/bike-ride.html

Kauf und Reparatur

Wie, kein Werkzeug? Dann geh einfach mal bei der Selbsthilfewerkstatt des **Astas der Uni Bremen** unter dem Boulevard, Höhe Sportturm, vorbei. Da haben sie nicht nur Werkzeug, sondern hier sind auch stets nette Menschen, die dir helfen können.
www.asta.uni-bremen.de --> Service
--> Fahrradwerkstatt

Und wenn du nicht zur Uni willst, dann besuch die Werkstatt im Hinterhof des **Jugendzentrums Friese** (Friesenstr. 124). Hier wird repariert, gepflegt, geschraubt und den ramponierten Gefährten auf zwei Rädern wieder auf die Beine geholfen!
www.freischrauber.blogsport.de

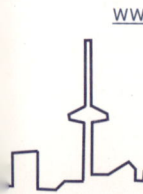

Direkt im Zentrum von Bremen wartet **Velo-Sport** (Martinistr. 30-32) auf Fahrwütige. Der Laden und sein radrennbegeisterter Inhaber haben sich auf Rennmaschinen spezialisiert, bieten aber auch ein umfassendes Sortiment anderer Räder und jede Menge Zubehör an. www.velo-sport.de

28 zoll – Der Fahrradladen (Lesumer Heerstr. 76d, Blumenthaler Str. 56) lässt in mittlerweile zwei Filialen keinen Radsportfan-Wunsch unerfüllt. Der Laden hat eine eigene Manufaktur-Serie entwickelt und bietet natürlich das Übliche wie Fahrradtaschen, Schutzhüllen und Luftpumpen in seinem Sortiment an. Einen Fahrradverleih für 9,50 Euro am Tag (auch von Elektro-Rädern) gibt es hier außerdem. In der Heerstraße steht dir ein Schlauchomat rund um die Uhr zur Verfügung. Er spuckt Schläuche für die verschiedensten Räder aus, wenn du ihn mit 7 Euro fütterst! www.28zoll.de

Auch bei **Zweirad Bindhammer** (Hemmstr. 273, Ritterhuder Str. 1/Osterholz-Scharmbeck) wirst du sicher fündig. Über Einzelanfertigungen, Inzahlungnahme deines alten Bikes bis hin zur kostenlosen Erstinspektion und dem Fahrradverleih gibt's alles rund ums Zweirad! Eine schöne Auswahl von E-Bikes und eine Werkstatt zum selber Tüfteln findest du hier auch. www.zweirad-bindhammer.de

Wie rollst du gern? Auf Trekkingrädern, Hollandrädern, Cityrädern, Fitnessrädern, Crossrädern, Mountainbikes oder Singlespeeds? Egal, worauf deine Wahl fällt, mach dich auf zu **Bikes & Wheels** (Sebaldsbrücker Str. 168-170), denn da wohnen sie alle auf zwei Etagen. www.bikes-wheels.de

1-2-3 Rad (Buntentorsteinweg 270) ist ganz offensichtlich der Paradiesvogel unter Bremens Fahrradläden. In Kombination mit der Abteilung Happy Rikscha werden hier auch ausgefallenere Wünsche rund ums Thema Rad wahr. So kannst du neben dem Standardprogramm an Rädern Tandems, Quadrobikes, Transporträder

//52 Von A nach B

sowie (Hochzeits-)Rikschas leihen und kaufen. Wie wär's mal mit einer Rikschafahrt bei Mondschein für Verliebte, inklusive eisgekühltem Sekt an Bord? www.1-2-3rad.de

Blaukopp (Gevekohtstr. 14), diesen nach einem Nagel benannten Laden, gibt es schon seit 1974. Was ursprünglich als Heimwerkermarkt mit Holzzuschnitt begann, ist inzwischen längst eine Top-Adresse für alles rund ums Fahrrad.

> Leihräder:
>
> ADFC Radstation (Bahnhofsplatz 14a). Hier können auch E-Bikes ausgeliehen werden. www.adfc-bremen.de
>
> 1-2-3 Rad (Buntentorsteinweg 270) www.1-2-3rad.de
>
> Von Mai bis September gibt es auch am Martini-Anleger in der Innenstadt E-Bikes zum Ausleihen:
>
> Hal Över (Schlachte 2), www.hal-oever.de --> Fahrten --> E-Bike-Verleih

Radstudio Vegesack (Gerhard-Rohlfs-Str. 16, in der Passage) ist eine weitere Fundgrube für alle, die mit dem Wort Sattel nicht nur Pferde assoziieren. Konfiguriere dein perfektes Rad, lass crazy Schriftzüge anbringen oder lege die Restaurierung deines alten Schätzchens in gute Hände. www.vegerad.de

Und dann ist da noch **Dutschke Zweirad Fachmarkt** (Waller Ring 141) mit einer großen Auswahl an Rädern, Zubehör und E-Bikes. Werkstattservice und Finanzierungsangebote gibt's noch dazu. www.zweirad-dutschke.de

... mit Bus und Bahn

Natürlich hat Bremen auch einen öffentlichen Personennahverkehr, kurz ÖPNV. Die wichtigsten Knotenpunkte in Bremen für S-Bahn, Straßenbahn und Bus sind die Domsheide und der Hauptbahnhof.

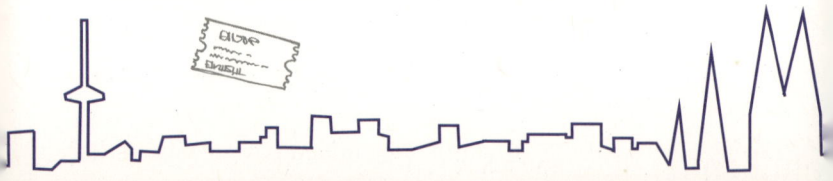

Schiene Straße Zug
Straßenbahn Seilbahn

Von hier aus kannst du fast jeden Punkt in Bremen erreichen. Die Tickets gibt es in Bus oder Bahn, dort bekommst du auch Fahrscheine für Fahrten mit dem **VBN**, also nach Niedersachsen oder Hamburg. www.vbn.de

Mit dem BOB-Ticket kannst du in der Stadt ohne Bargeld mit Bus und Bahn fahren. Du schiebst die BOB-Karte in den Automaten und dieser speichert deine Fahrt auf der Karte. Später werden die auf der Karte gespeicherten Fahrten vom Konto abgebucht; du bekommst dabei immer automatisch den günstigsten Tarif. Oder du kaufst dir ein Monatsticket für 56,70 Euro. www.bsag.de

Das Semesterticket erhältst du als Student automatisch, denn es liegt deiner Immatrikulationsbescheinigung bei, die nach Zahlung des Beitrags irgendwann in deinen Briefkasten flattert. Derzeit kostet es knapp 145 Euro, dafür kannst du aber auch ein Semester lang beliebig durch Niedersachsen, Bremen und sogar Hamburg fahren. www.asta-hsb.de --> Der Asta informiert
--> Semesterticket

Mit dem Niedersachsen-Ticket kannst du für 22 Euro einen Tag lang quer durch Niedersachsen, Bremen und Hamburg fahren. Falls du jemand mitnehmen möchtest, kostet es pro Mitfahrer 4 Euro mehr. Du kannst das Ticket in altehrwürdiger Papierform oder als Handy-Ticket kaufen. www.niedersachsentarif.de --> Fahrkarten
--> Niedersachsen-Ticket

Auch als Nachteule kommst du in Bremen gut ans Ziel. Beispielsweise mit den Nacht-Bussen. Neun Linien teilen sich das Stadtgebiet auf und fahren im Stundentakt. Für 1 Euro Aufschlag auf die regulären Ticketpreise kannst du dich durch die Nacht kutschieren lassen. Der Zuschlag ist bis 4.00 Uhr fällig – Inhaber des Semestertickets brauchen den nicht!

Du wohnst ein bisschen außerhalb? Dann schnapp dir einen „Nachtschwärmer", so heißen die Busse, die dich in dörflichere Gefilde kutschieren, z.B. bis Kirchweyhe, Worpswede oder Achim.

//54 Von A nach B

Und dann ist da noch die Regio-S-Bahn. Die startet am Wochenende um 1.07 Uhr und um 2.07 Uhr vom Bremer Hauptbahnhof Richtung Vegesack oder Farge. Infos für all das unter: www.bsag.de

--> noch mehr Infos zum Nachtverkehr s. „Feiern", S. 150

... mit dem Auto

Natürlich kannst du auch in Bremen Autofahren. Das Parken gestaltet sich allerdings schwieriger. In der Innenstadt und im Viertel wirst du, wenn du nicht das Parkhaus aufsuchst, Probleme bekommen, denn entweder sind alle Parkplätze besetzt oder es herrscht Parkverbot. Die Lösung: Lass dein Auto an einer der vielen Park & Ride-Stationen stehen und fahr von dort mit Bus oder Bahn weiter.

Falls du jedoch kein Auto besitzt und auch nur gelegentlich eins brauchst, dann ist Car-Sharing eine gute Alternative.

> Car-Sharing:
>
> Cambio Bremen, (Humboldtstr. 131-137), www.cambio-carsharing.de
> --> Bremen
>
> Flinkster (Hauptbahnhof Bremen), www.flinkster.de
> --> Stadt: Bremen
>
> Move About GmbH, (Wiener Str. 12) www.move-about.de
>
> Hier gibt's sogar Elektroautos!

... mit dem Schiff

Im schönen Bremen ist es auch auf dem Wasser möglich, von A nach B zu gelangen. Da sind natürlich die Weserfähren, die dir an verschiedenen Stellen des Flusses das Leben erleichtern und Zeit einsparen: Rauf mit dem Auto, dem Rad oder zu Fuß, über die Weser und wieder runter: www.faehren-bremen.de

Schiene Straße Zug
Straßenbahn Seilbahn //55

Keinesfalls dürfen wir die Sielwallfähre vergessen, die dich und auch dein Rad auf Höhe des Siewalls zum anderen Ufer bringt. Nach der Überfahrt bist du am Strand des **Café Sand**, wo du dich bei einem kühlen Getränk von der Schifffahrt erholen kannst. Außerdem fährt vom Martini-Anleger in der Altstadt ein Schiff nicht nur regelmäßig zur Hafenrundfahrt raus, sondern im Frühling und im Sommer auch Linienverkehr nach Bremerhaven und Oldenburg. Zwischendurch wird an verschiedenen Stationen Halt gemacht.

Und wenn Werder mal im Weserstadion spielt, kannst du dich von Bremen-Nord direkt vors Stadion schippern lassen. Termine und Angebote zu den einzelnen Fahrten findest du hier:
www.hal-oever.de

Ich müsste mal an die Küste ...

Das klappt von Bremen aus super! Schnapp dir ein Auto und bieg auf die A 27 Richtung Bremerhaven. Das ist nur 60 Kilometer weg und schwuppdiwupp hast du Erinnerungs-Sand unter den Fußmatten!

Umweltfreundlich und entspannt fährst du in einem Zug ans Meer. Die ruckeln stündlich zum Norddeich Mole. Von dort sind es mit der Fähre noch 45 Minuten bis Norderney. Das Beste für Studierende: Das kostet dich nichts, wenn du ein Semesterticket hast!

Bremen   Bremen
endlich endlich endlich

lecker
lecker lecker
mampf

Ess
Fast F
Restaurant
Restaura

Hunger?

Hunger? Hunger?

Hunger
Hunger
Hunger

Essen
Essen
Essen Essen
Essen
Kochen
Hunger Kochen mampf
mampf

Fast Food
Fast Food
Fast Food
Fast Food
mampf
endlich

Hunger? **Hunger?**
Essen zu Hause

Das Leben in Bremen ist manchmal spannend, manchmal entspannend und hin und wieder auch etwas anstrengend. Doch eines ist sicher: Es macht hungrig. Da kann allein die Vorstellung von einem gut gefüllten Teller deinen Bauch schon so richtig zum Knurren bringen. Zum Glück gibt's dagegen ein probates Mittel: Essen! Jetzt fehlen nur noch die passenden Zutaten für dein Lieblingsmenü oder auch mal die Nummer eines passenden Bringdienstes – egal wofür du dich entscheidest, in diesem Kapitel findest du die richtigen Tipps.

Bioläden

Der Bio-Boom hat natürlich auch Bremen schon längst erfasst. Ob große Supermarktkette oder doch individuell-alternativ-solidarisches Ökolädchen – für jeden Freund des korrekt angebauten und gewissenhaft geernteten Gemüses ist hier etwas dabei. Fleisch von glücklichen Tieren gibt's selbstverständlich auch.

Biosupermärke

Der **Alnatura** Supermarkt ist in Bremen mit zwei Filialen vertreten. Eine in der Innenstadt (Faulenstr. 54-70) und eine im szenigen Viertel (Brunnenstr. 4). Alnatura ist eigentlich ein ganz normaler Supermarkt, nur eben biologisch und mit etwas freundlicherem Ambiente. Hier findest du garantiert alles: von Bio-Gemüse über Bio-Fleisch bis hin zu Bio-Textilien. Sogar eine eigene Backabteilung gibt's, mit leckeren Bio-Brötchen und ausgefallenen Kreationen.
www.alnatura.de/bremen

Den **ALECO** Supermarkt gibt es gleich sechsmal in Bremen. In der Neustadt (Kirchweg 204), zweimal in Schwachhausen (Bismarckstr. 14 und Wätjenstr. 146), in Findorff (Admiralstr. 14), in Oberneuland (Rockwinkeler Heerstr. 172) und in Lesum (Hindenburgstr. 36).

Die Märkte sind mittelgroß bis groß und haben, obwohl sie zu einer Ladenkette gehören, ein ganz eigenes Flair – ein bisschen fühlt man sich sogar in die gute alte Tante-Emma-Laden-Zeit zurückversetzt. Durch freundliche und immer hilfsbereite Mitarbeiter ist das Einkaufen hier nicht nur ökologisch, sondern macht auch noch gute Laune. Als besonderen Service bietet ALECO einen Lieferdienst. Hast du mal keine Zeit oder keine Lust, kannst du dir dein Essen einfach praktisch bis vor die Haustür liefern lassen. www.alecobio.de

Bio Leutner (Ernst-Buchholz-Str. 3-7) ist ein Biosupermarkt, bei dem dein Herz höher schlagen wird, wenn du ein echter Fleischfreund bist. Bio Leutner hat nämlich als einziger Biosupermarkt in Bremen eine große Fleischtheke, an der du fast alles bekommen kannst. Die Tiere hatten wahrscheinlich sogar ein glückliches Leben auf einer grünen Wiese und sind von Massentierhaltung verschont geblieben. Bekommst du im Laden direkt Hunger, ist auch das kein Problem. Im eigenen Ladenbistro gibt's täglich einen Mittagstisch, der auch Vegetariern und Veganern gefallen wird.
www.bio-leutner.de

Kleinere Bioläden

Die etwas kleineren Bioläden, ganz unabhängig und selbstständig, gibt's in Bremen natürlich auch. Ein paar besonders erwähnenswerte sind diese hier:

Das **Oecotop** gibt's zweimal in Bremen. Einmal in der Neustadt (Beginenhof 3) und in Schwachhausen (Friedrich-Karl-Str. 98). Um

hier günstig Bio-Produkte einzukaufen, musst du allerdings einen monatlichen Mitgliedsbeitrag zahlen. Natürlich kannst du auch einfach mal so vorbeischnuppern, allerdings sind die Produkte ohne Mitgliedschaft nicht so günstig. Und irgendwie ist dieser Mitgliedsladen doch eine tolle, solidarische Sache, oder nicht?
www.oecotop.de

Der **bioladen*Lesmona** (Hindenburgstr. 17) ist ein echter Familienbetrieb. Ob Käse, Wein oder doch Naturkosmetik, hier findest du sicherlich auch alles, was dein Bio-Herz gerade so begehrt. Und in die Käsetheke wirst du dich vielleicht sogar gleich auf Anhieb verlieben, denn mit ihren über 100 Käsesorten ist sie ein echter Hingucker. www.bioladenbremen.de

Gemüse-Kiste

Die **Ökokiste** ist etwas für lauffaule Obst- und Gemüseliebhaber. Bestellst du hier, erwartet dich einmal wöchentlich eine Kiste voll frischer, ökologischer und regionaler Leckereien. Du kannst zwischen unterschiedlichen Größen auswäh-

len und zusätzlich zum Obst und Gemüse noch Käse, Eier, Brote und vieles mehr in deine Kiste packen lassen. Einfach praktisch, so bleibt dir garantiert mehr Zeit, um dir tolle Rezepte zu überlegen.
www.oeko-kiste.de

Wochen

Arbergen Dorfplatz
Colshorn/Heisiusstr.
Fr 8.00-13.00 Uhr

Borgfeld
Platz zur Linde
Mi & Sa 8.00-13.00 Uhr

Walle
Wartburgplatz
Di, Do & Sa
8.00-13.00 Uhr

Wochenmarkt
Delmestr.
Mo-Fr 8.00-13.30,
Sa 8.00-15.00 Uhr

Blumenthal
Marktplatz
Fr 8.00-13.00 Uhr

Horn-Lehe
Robert-Bunsen-Str.
Do & Sa 8.00-13.00 Uhr

Blockdiek
Max-Säume-Str.
Fr 8.00-13.00 Uhr

Ostertor-Ökomarkt
Ulrichsplatz/Wulwesstr.
Di 13.00-18.00 Uhr
Sa 12.00-18.00 Uhr

Burgdamm
Goldbergplatz
Sa 8.00-13.00 Uhr

Piepenmarkt
Buntentorsteinweg
Fr 8.00-13.00 Uhr

märkte endlich

Bauernmarkt Fangturm
Fr 10.00-16.00 Uhr

Domshof Markt
Mo-Fr 8.00-14.00 Uhr
Sa 8.00-15.00 Uhr

Findorffmarkt
Neukirchstr.
Mo-Fr 8.00-13.00 Uhr
Sa 8.00-14.00 Uhr

Neustadt-Ökomarkt
Pappelstr./Delmestr.
Fr 15.00-18.30 Uhr

Großer Kurfürst Wochenmarkt
Eislebener Str.
Fr 8.00-13.00 Uhr

Steintor-Ökomarkt
Mecklenburger Str.
Mi 14.00-18.00 Uhr
Sa 9.00-13.30 Uhr

Markt an der Universität am Zentralbereich
Bibliotheksstr.
Di 9.00-16.00 Uhr

Ziegenmarkt Vor dem Steintor
Täglich 8.00-13.00 Uhr
Mi & Fr sogar bis 18.00 Uhr

Wochenmarkt Unser-Lieben-Frauen-Kirchhof
Mo-Fr 8.00-14.00 Uhr
Sa 8.00-15.00 Uhr

Schwachhausen
Wachmannstr./Benqueplatz
Mi 8.00-13.00 Uhr

Bremen endlich · endlich · Bremen endlich

Wochenmarkt

Hemelingen
Schlengstr.
Mi 8.00–13.00 Uhr

Gröpelingen
Pastorenweg
Di, Do & Sa
8.00–13.00 Uhr

Lesum
Hindenburgstr.
Fr 8.00–13.00 Uhr

Bauernmarkt
Slevogtstr.
Do 10.00–17.00 Uhr

Habenhausen
Anna-Seghers-Str.
Do 15.00–18.00 Uhr

Wochenmarkt
Gottfried-Menken-Str.
Mi, Fr & Sa
8.00–13.00 Uhr

Wochenmarkt
Heinz-Hinners-Platz
Fr 14.30–18.00 Uhr

Schwachhausen
H.-H.-Meier-Allee/
Baumschulenweg
Fr 8.00–13.00 Uhr

Oslebshausen
Regine-Hildebrandt-Platz
Mi & Fr 8.00–13.00 Uhr

Marktpavillon-Wochenmarkt
Papenstr.
Mo–Fr 10.00–20.00 Uhr
Sa 10.00–18.00 Uhr

ärkte endlich

Huckelriede
Kornstr.
Do 15.00–18.00 Uhr

Huchting
Am Sodenmatt
Mi & Sa 8.00–13.00 Uhr
Fr 7.00–14.00 Uhr

Kirchhuchting
Center-Point am
Roland-Center
Di & Do 8.00–13.00 Uhr

Woltmershausen
Dötlinger Str.
Fr 8.00–13.00 Uhr

Marßel
Stockholmer Str.
Fr 8.00–13.00 Uhr

Vahr
Berliner Freiheit
Di, Do & Sa
8.00–13.30 Uhr

Obervieland
Anna-Stiegler-Str.
Mi & Fr 8.00–13.00 Uhr

Osterholz
Walliser Str.
Di, Do & Sa
8.00–13.00 Uhr

Wochenmarkt
Hermine-Berthold-Str.
Fr 8.00–13.30 Uhr

Vegesack
Am Sedanplatz
Di, Do 8.00–13.00 Uhr
Sa 8.00–13.30 Uhr

Bremen endlich   endlich   endlich   Bremen

//66 Essen zu Hause

Märkte

Schluss mit Laden-Atmosphäre, ab auf die Straße. In Bremen gibt's nämlich eine ganze Menge Wochenmärkte, die mit ihren frischen, regionalen Waren bestimmt auch dich begeistern.

Der größte Markt ist natürlich der mitten in der City auf dem **Domshof**. Hier bauen jeden Tag außer sonntags zahlreiche Händler, Fischer und Bauern ihre Stände auf und preisen ihre Leckereien an. Das Ambiente des Marktes auf dem Domshof ist wirklich einzigartig, weshalb auch immer viele Touristen über den Markt schlendern und Sightseeing betreiben. Neben den stattlichen **37 Wochenmärkten**, die von der Großmarkt Bremen GmbH veranstaltet werden, gibt es außerdem die drei **Öko-Wochenmärkte** der ÖkoMarkt Bremen GbR. www.bremen.de/wochenmaerkte
www.oekomarkt-bremen.de

Eine Übersicht aller Wochenmärkte findest du auf den Seiten 62-65

Besondere Einkaufstipps

Ein Besuch bei **Spar Markt** in der Neustadt (Gastfeldstr. 29-33) lohnt sich auf jeden Fall. Zwar kann der Laden nicht so ganz mit den großen Supermärkten mithalten, dafür passieren hier viele lustige Geschichten und auch ab und zu kuriose Dinge. Wie der Alltag eines Supermarktbesitzers ist und was der Inhaber täglich so erlebt, hält er in seinem ganz persönlichen Blog fest. Getreu dem Motto: ein Supermarkt, ein Mann, ein Blog. www.shopblogger.de

Bei **Atrium Feinkost** (Vor dem Steintor 34) gibt's von hausgemachter Antipasti, frischem Käse und Fleischwaren bis hin zu Gebäck fast alles. Knurrt dein Magen schon vor Ort, kannst du die Leckereien gleich im angeschlossenen Bistro probieren.

Auch bei **Holtorf** (Ostertorsteinweg 6) bekommst du Feinkost. Im denkmalgeschützten Kolonialwarenladen kannst du erlesene Tees,

Kaffees, Öle und ausgefallene Gewürze entdecken. Aber auch Pasta, Fleisch und Käse – natürlich in bester Qualität – sind in dem schmucken Lädchen zu bekommen.

Aus aller Welt

Es geht doch nichts über exotische Zutaten und Gerüche in der eigenen Küche. Internationalität zieht auch bald bei dir in die Töpfe ein, denn wenn du bei den folgenden Läden einkaufst, hast du schon den ersten Schritt in die richtige Richtung getan.

Der **Asia Shop** (Martinistr. 68) in der Bremer Innenstadt bietet wirklich alles, was du für ein gelungenes asiatisches Menü benötigst. Lebensmittel aus China, Japan, Thailand, Korea und Indien füllen hier die Regale. Aber wer denkt, es gäbe alles nur aus der Tüte, liegt falsch. Auch frische Produkte wie Zitronengras oder Baby-Spargel hält der Laden parat. Und wenn du an der Kasse ganz lieb guckst, gibt's manchmal sogar noch einen Glückskeks oben drauf – deine Zukunft oder ein netter Ratschlag sozusagen gratis zum Einkauf dazu.

Im **Hua Li Asia Shop** (Vor dem Steintor 102) warten ebenfalls zahlreiche Produkte aus Fernost auf dich, die geputzt, geschnippelt und gekocht werden wollen. Die typischen asiatischen Soßen und Gewürze stehen hier natürlich auch schon im Regal bereit.

Alles von unseren sympathischen Nachbarn aus Polen gibt's bei **Lukullus** in Huchting (Nimweger Str. 2) und in Osterholz (Graubündener Str. 83) – ob Wurst, Käse oder Frisches, von Piroggen, Flaki, Zurek, Borschtsch, Krakauer bis zu den typisch eingelegten Gurken. Und eines darf in einem polnischen Supermarkt natürlich auch nicht fehlen: der Wodka. Den gibt's gleich in mehreren Varianten. Und darüber hinaus haben die Läden sogar eine eigene Kuchentheke, die täglich mit leckerer Konditorkunst direkt aus Polen gefüllt wird. www.lukullus-laden.de --> Filialen

//68 Essen zu Hause

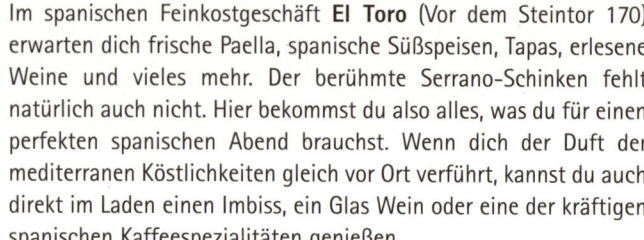

Im spanischen Feinkostgeschäft **El Toro** (Vor dem Steintor 170) erwarten dich frische Paella, spanische Süßspeisen, Tapas, erlesene Weine und vieles mehr. Der berühmte Serrano-Schinken fehlt natürlich auch nicht. Hier bekommst du also alles, was du für einen perfekten spanischen Abend brauchst. Wenn dich der Duft der mediterranen Köstlichkeiten gleich vor Ort verführt, kannst du auch direkt im Laden einen Imbiss, ein Glas Wein oder eine der kräftigen spanischen Kaffeespezialitäten genießen.

Gleich zweimal in Bremen gibt's den **Global Supermarkt**. In Gröpelingen (Gröpelinger Heerstr. 111) und in der Neustadt (Gastfeldstr. 122) kannst du authentische türkische und arabische Zutaten kaufen, die deinem Rezept die richtige Prise Geschmack verpassen. Frisches Gemüse und Fleisch gehören selbstverständlich dazu.

Der **Ünal Supermarkt** (Gröpelinger Heerstr. 163) bringt türkische Zutaten und Delikatessen nach Bremen. Von Obst und Gemüse bis hin zu Käse und Fleisch – hier bist du im Mekka der türkischen Küche angelangt. Der türkische Supermarkt ist preislich günstig, du kannst also deinen Geldbeutel schonen und dir trotzdem internationales Flair in deine Küche holen. Guter Nebeneffekt: Willst du deine türkischen Sprachkenntnisse aufbessern, wird dir ein Einkauf

hier garantiert helfen. Die türkischen Produkte sind nämlich meistens auch auf Türkisch ausgezeichnet.

Auch im türkischen **Kent Feinkostladen** (Vor dem Steintor 224) gibt's frisches Gemüse, Obst, Teigwaren und jede Menge türkische Leckereien in einer super Qualität. Und die freundliche und zuvorkommende Bedienung ist sowieso unbezahlbar. Wer hier Fragen zur türkischen Küche hat, bekommt gute Tipps, die man auch problemlos umsetzen kann.

Du willst leckeren Schafskäse und frische Oliven – also hast du gerade eher Lust auf griechische Spezialitäten? Kein Problem, bei **ATLAS FOOD** (Simon-Bolivar-Str. 53) findest du alles, was du für deine griechischen Gerichte so brauchst. Ob Wein, Fisch, Meeresfrüchte oder andere griechische Delikatessen – einfach hingehen und einkaufen. Natürlich gibt's hier auch eine Auswahl des grünen Goldes Griechenlands: natives Olivenöl, soviel du brauchst.

Aus dem Meer

Bei **F. L. Bodes** (Bischofsnadel 1-2) gibt's frischen Fisch. Neben den Klassikern Scholle, Lachs oder Steinbutt bekommst du auch beinahe jeden ausgefalleneren Wunsch erfüllt. Und obendrauf stehen dir die Mitarbeiter bei allen Fragen rund um die Zubereitung der leckeren Meeresbewohner mit Rat und Tat zur Seite. Online-Bestellung geht auch! www.bodes.de

Bei **Fisch-Feinkost und Delikatessen Kähler** (Vor dem Steintor 17) erwartet dich ebenfalls eine große Auswahl an unterschiedlichen Fisch-Spezialitäten. Seit 1930 versorgt der Familienbetrieb die Hansestadt mit frischem Fisch. Salate mit Fisch gibt's hier ebenfalls. Und hast du einmal keine Zeit, selber einkaufen zu gehen, wird dir der Fisch bis zur Haustür geliefert.
www.fisch-feinkost-kaehler.de

Kein Tag ohne ... Schokolade!

Die leckere **Hachez**-Schokolade ist weit über Bremen hinaus bekannt, kein Wunder bei dem Geschmack. 1890 wurde sie in Bremen geboren und ist seitdem nicht mehr aus dem gehobenen Süßigkeitenregal wegzudenken. Mitten auf dem Bremer Marktplatz steht das kultige Hachez-Geschäft (Am Markt 1) mit dem gesamten Repertoire der Schokoladenmacher. Also, Beutelchen mitnehmen und Schoki holen, damit du bei der nächsten Frust- oder Lustattacke nicht ohne da stehst. Und für Sparfüchse gibt's den Fabrikverkauf in der Neustadt (Westerstr. 37). www.hachez.de

--> Marke
--> Hachez am Bremer Marktplatz

Lass dich bekochen – Bringdienste

Einfach keine Lust auf Kochen, Abwasch und Küche Putzen – oder du machst den Kühlschrank auf und mal wieder herrscht gähnende Leere? Dann lehn dich zurück, atme tief durch und spüre, wie sich dein Körper ganz in Ruhe entspannt. Das Einzige, was du noch tun musst, ist, dir dein Telefon oder Handy zu schnappen und den Lieferservice deines Vertrauens anzurufen.

Pizza, Pasta und mehr

Bringdienste von knuspriger Pizza und frischer Pasta gibt's schon fast so lange wie das Telefon. Naja, wie gesagt, fast, aber eins ist sicher: Jeder hat einen anderen Geschmack. Ob hauchdünner Pizzaboden oder doch lieber „the american way of Pizza" mit dickem Teigboden, das sind beinahe Gewissensfragen. Solide Qualität liefern jedenfalls die folgenden Pizza-Konkurrenten:

Die großen Pizza-Lieferketten **Joey's Pizza**, **Smiley's Pizza** und **Flying Pizza** gibt's natürlich auch in Bremen. Bei diesen Lieferdiensten bekommst du alles, wovon man im Pizza-Paradies eigentlich nur so träumen kann. Ob italienische Pizza oder amerikanische, ob Pasta oder Burger und zum Abschluss ein Eis. Eigene Kreationen sind ebenfalls willkommen und du kannst dir deine eigene Pizza ganz individuell zusammenstellen. Fast wie ein eigenes Kunstwerk – der Kreativität sind keine Grenzen gesetzt.

www.joeys.de   www.smileys.de   www.flying-pizza.de

Die **Mafia Pizza** (Westerstr. 78) bringt dir ebenfalls klassische italienische Pizza bis zur Haustür. Besonders lecker sind hier die verschiedenen Calzone-Variationen. Und wenn du keine Lust auf vorgeschriebene Zutaten hast, kannst du dir auch einfach deine ganz eigene Calzone zusammenstellen. Für Abwechslung ist darüber hinaus gesorgt, schließlich gibt's hier auch (fast) alles andere, was gut schmeckt: Pasta, Schnitzel, Gyros, Rollos und Baguettes.
www.mafia-bremen.de

Bei **Babylon Pizza** (Erlenstr. 44) gibt's eine große Auswahl an unterschiedlichen Pizzas, aber auch hier kannst du dir aus verschiedenen Zutaten deine eigene Wunschpizza zusammenstellen. Pasta und Fingerfood stehen natürlich auch auf der Karte und wenn du's gesund magst, bekommst du hier auch frische Salate. Dir sagt knusprige Pizza mit reichlich was drauf zu? Dann ab ans Telefon und Babylon Pizza wird vielleicht schon bald dein absoluter Favorit sein. www.babylon-pizzaservice.de

Griechisch & Indisch

Mr. Dhaliwal (Bei den drei Pfählen 10) bringt zwar auch Pizza, aber das eigentliche Highlight ist die große Auswahl an griechischen und indischen Gerichten. Von Gyros über Souvlaki bis hin zu indisch-vegetarischen Speisen gibt's hier alles. Auch viele Gerichte mit Lammfleisch stehen auf der Karte und wer lieber Fisch statt Fleisch möchte, wird auch das nicht vermissen.
www.mr-dhaliwal.de

// 72 Essen zu Hause   **Bringdienst** lecker
Fast Food   Essen

Türkisch

Der **Damak Grill** (Gröpelinger Heerstr. 223) macht gutes Kebab, die türkischen Schiffchen „Pide" und natürlich auch Döner, Dürüm und Lahmacun. Wie es sich bei einem türkischen Imbiss gehört, gibt's hier auch viel Lammfleisch und für alle, die eigentlich doch lieber italienisch wollen, steht die Pizza auch mit auf der Speisekarte.
www.grillpizza-damak.de

Baguettes und Burger

Du stehst auf richtig deftige, amerikanische Burger mit knackigen Pommes oder einem frischen Salat? Das findest du alles bei **burger-me** (Wartburgstr. 62). Hier gibt's eine große Auswahl an leckeren Burgern, die du mit Extra-Zutaten noch individueller machen kannst. Vegetarier können natürlich auch einen Veggie-Burger bekommen und Kreationen der Kunden tauchen regelmäßig auf der Speisekarte auf. www.burgerme.de

Gleich fünfmal in Bremen werden bei der **French Connection** frische französische Baguettes für dich zubereitet. In der Neustadt (Pappelstr. 80), im Steintor (Am Dobben 72), in Tenever (Züricher Str. 3), in Arsten (Arsterdamm 134) und in Gröpelingen (Gröpelinger Heerstr. 161) läuft der Ofen für die frischen Baguettes immer auf Hochtouren. Bei Weizen- bis Sesambaguette und jeder Menge unterschiedlicher Beläge hast du hier die Qual der Wahl.
www.baguettes-bestellen.de --> Filialen

Noch mehr Baguettes? Kein Problem: Die **Baguetterie Crossini** wartet in Oberneuland (Rockwinkler Heerstr. 14), Schwachhausen (Schwachhauser Heerstr. 132) und in Mitte (St.-Jürgen-Str. 154) mit einer Speisekarte auf dich, die fast so dick ist wie in Buch. Zusätzlich zu dem französischen Exportschlager Nr. 1 gibt's noch Ofenkartoffeln, Crêpes und Elsässer Flammkuchen.
www.crossini-group.de

Veggie

Das **Veggie House** (Graf-Moltke-Str. 26) ist eigentlich ein richtiges Restaurant, liefert dir dein Essen aber auch ganz praktisch nach Hause. Von vegetarischer Pizza über Nudeln bis hin zu mediterranen Speisen oder Vegetarischem aus Fernost – die Auswahl ist hier nicht nur für Vegetarier, sondern sogar auch für Veganer riesig. Und wer doch irgendwie Schnitzel oder Gyros braucht, bekommt das auch, nur natürlich in Veggie-Form. www.veggiehouse.de

Asiatisch und Sushi

Hei Nun (An der Weide 41) liefert dir die klassischen chinesischen Speisen direkt vor die Tür. Pekingente, Frühlingsrollen oder Chop-Suey fehlen natürlich nicht auf der Speisekarte. Und wenn du schon mittags Hunger bekommst, gibt's ein sehr großes und günstigeres Mittagsangebot. Alle Gerichte sind übrigens auch ganz ohne Glutamat zu bekommen. www.heinun.de

Beim **Asia Lieferservice** (Am Hulsberg 137) gibt's ebenfalls gutes und günstiges Essen. Eine kleine Zusatzkarte erfüllt auch hier die Mittagessenswünsche. Ansonsten lohnt es, sich einfach mal quer durch die Karte zu futtern. www.asia-lieferservice.de

Bei **Sushi Kaiser** (Kirchbachstr. 200) gibt's verschiedenste kleinere Sushi-Boxen, aber auch richtig große Sushi-Platten. Die Auswahl ist höchst variantenreich und alles ist immer frisch zubereitet. Natürlich kannst du dir Maki, Nigiri und California-Rolls auch individuell zusammenstellen. www.sushikaiser.de

Hunger? Hunger?
Essen unterwegs

Restaurant Fast Food
Döner Speisekarte Pizza
sekarte
Fast Food
Döner Restaura

Schnell und auf die Hand

Mal wieder ein stressiger Tag und keine Zeit, ganz in Ruhe etwas zu kochen? Und dann auch noch das: Du hetzt von einem Termin zum anderen und weißt nicht, wann du zwischendurch etwas zwischen die Kiemen bekommen kannst. Solche Tage sind echt nervig, aber zum Glück gibt es in Bremen an fast jeder Ecke eine Nahrungsquelle, die dir in Nullkommanix den ein oder anderen Glücksmoment verschafft und vor allem eins: deinen Hunger stillt. Hier ein paar Tipps, wo das schnelle Essen auch noch gut schmeckt:

Jetzt geht's um die Wurst

Natürlich isst Bremen auch das Einzige, was zwei Enden hat: die Wurst. Hier gibt es zahlreiche Möglichkeiten, eine Thüringer Bratwurst, eine Krakauer oder 'ne Currywurst abzustauben. Die besten Adressen dafür sind aber immer noch die zwei Bremer Klassiker, die wirklich jeder kennt. **Stockinger** und **Kiefert**. Eigentlich ist es egal, bei welchem der beiden Bratwurst-Vertreter man sich die Wurst gönnt, es schmeckt auf jeden Fall immer. Aber wie es nunmal so ist, schwören die einen auf Stockinger und die anderen auf Kiefert. Mach dir einfach dein eigenes Bild – auf dem Liebfrauenkirchhof direkt in der Stadtmitte findest du die beiden Bremer-Bratwurst-Päpste.

Richtig Konkurrenz macht den beiden Traditions-Buden inzwischen der **Scharfrichter** (Martinistr. 70), und zwar in besonderer Weise: Zahlreiche Currywurst-Kreationen mit unterschiedlich scharfen Soßen gilt es zu erproben, die Wurst-Basis kannst du dabei frei wählen: Neben verschiedenen Fleisch-Varianten geht es nämlich auch bio, vegetarisch oder vegan. Magst du's besonders scharf, bist du hier genau richtig, denn in einem Ranking kannst du deinen Schärfegrad mit anderen messen. Vom „Firestarter" bis „The Final Answer" – wann brennt's bei dir? www.scharfrichter-lounge.de

Wokgerichte und asiatisches Allerlei

Eine Box asiatischer Nudeln mit Gemüse zum Sattwerden gibt's bei **Mai Mai**. Ein super Tipp für Vegetarier und alle, die nicht gleich Panik bekommen, wenn kein Fleisch auf dem Teller liegt. Letzteres findest du bei Mai Mai aber auch. In der Innenstadt (Domshof 22) und zweimal im Hauptbahnhof wird hier alles klassisch asiatisch mit leckeren süß-sauren und scharfen Soßen serviert.
www.mai-mai-gmbh.de

Jackie SU (Langenstr. 10-12) ist hip und stylish. Indische und thailändische Gerichte mit lecker klebrigem Reis werden hier in schickem Großstadt-Ambiente präsentiert. Auf langen Holzbänken kannst du passend dazu dein Curry mit 'nem lässigen Lassi in der Hand genießen. www.jackiesu-bremen.de

Das **Asia Bistro** (Schlüsselkorb 24) bietet eine Vielfalt asiatischer, indonesischer und thailändischer Gerichte. Hier solltest du wirklich mit großem Hunger vor der Tür stehen, denn die Portionen sind eigentlich für ausgewachsene Bauarbeiter-Bäuche gemacht. Der Service ist immer super, auch wenn's mal voll und hektisch wird.

Für Löffel-Liebhaber

Die **Suppkultur** (Vor dem Steintor 48 und Parkallee 27) kocht täglich frische Suppen und Eintöpfe, aber auch selbstgemachte Nudeln mit Pesto sind zu bekommen. Das Ganze mit (Bio-)Fleisch, vegetarisch oder vegan – und Nachtisch gibt's auch noch.
www.suppkultur.com

Bei **emmi – die suppenbar** (Am Wall 201) bekommst du jeden Tag vier Suppen zur Auswahl und kannst dir aussuchen, welche davon du auslöffeln möchtest. Für den schnellen Imbiss super und sogar noch richtig gesund. Auch hier werden Anhänger fleischhaltiger wie fleischloser Kost glücklich. www.emmi-suppenbar.de

Für Fischköppe

Gosch Sylt (Lloydpassage 47) hat frischen Fisch in seiner Auslage, der aussieht, als würde er gleich nochmal 'ne Runde schwimmen gehen. Du kannst dir kleine Fischgerichte oder einfach nur ein solides Fischbrötchen schmecken lassen, aufgrund der hohen Qualität solltest du aber keine Discount-Preise erwarten. www.gosch.de

--> Standorte
--> Bremen

Mittagspause ...
Mensa, Kantine oder Mittagstisch?

„Zeit ist Geld" stimmt leider auch absolut für die tägliche Mittagspause. Keine Lust auf immer denselben Kram in der hauseigenen Kantine? Mehr Abwechslung beim täglichen Lunch? Bei folgenden Adressen machst du alles richtig:

In der süßen **Trattoria Gastronomia** (Kornstr. 69) schmeckt es immer und der wechselnde Mittagstisch ist mit 6,50 bis 9 Euro noch recht erschwinglich. Deine Mittagspause kannst du hier montags bis donnerstags verbringen – am Freitag ist mittags geschlossen. Ob Pasta, Fleisch oder Fisch, die Bedienung ist lieb und sympathisch, einfach reinkommen und du fühlst dich wie in Klein-Italien. www.gastronomia-trattoria.de

In der **Casa** (Ostertorsteinweg 59) bekommst du einen wöchentlich wechselnden Mittagstisch. Zu jedem Essen gibt's eine Tagessuppe oben drauf. Die Küche bereitet für dich mediterrane, aber auch deftige deutsche Speisen zu, so kannst du in deiner Mittagspause ein wenig südliches Ambiente schnuppern und trotzdem z.B. Labskaus essen. www.casa-bremen.com

Bei **Loui & Jules** hast du zwei Möglichkeiten: Entweder du genießt frisches Fleisch vom Grill bei **Le grill** (Schlachte 36) oder du holst

//78 Essen unterwegs   **Hunger**   Speisekarte
                          Fast Food   **Essen**
                                      Restaurant

dir eine leckere Pizza bei **La pizza** (Vor dem Steintor 139). Bei der Vorauswahl hilft die Homepage mit der aktuellen Tageskarte: Grillschnitzel, Brioche-Burger Vegi, Kabeljau-Filet, Pizza mit Chorizo … Überraschungen sind garantiert. www.loui-jules.com

Die **Mensa an der Universität** (Bibliothekstr. 1) ist preisgekrönt und das Angebot abwechslungsreich. Eine große Auswahl, Aufläufe, Salatbar, Vegetarisches oder Pizza – alles kannst du hier von 11.30 bis 14.00 Uhr essen und Pommes, Burger und Co. gibt's sogar bis 16.00 Uhr.

Die **Mensa an der Hochschule** (Neustadtswall 30) liegt dafür direkt in der Innenstadt. Auch hier bekommst du Warmes von 11.30 bis 14.00 Uhr. Trotzdem: Mensa-Essen bleibt Mensa-Essen. Preislich unschlagbar, geschmacklich nicht immer.

Wenn du schon mittags Lust auf Fast Food hast, ist das **Burgerhaus** (Vor dem Steintor 23) eine sichere Wahl. Individuell stellst du hier deinen Burger zusammen und das Beste: Eine riesige Auswahl an vegetarischen und veganen Optionen gibt's auch.
www.burgerhaus-bremen.de

Essen gehen – regionale und internationale Küche

Echt bremisch

Der geschichtsträchtige **Bremer Ratskeller** (Am Markt) hat nicht nur den ältesten Fasswein Deutschlands und andere edle Tropfen zu bieten. Im rustikalen Gewölbekeller gibt's auch richtig gutes Essen – und das original bremisch. Von Knipp über Labskaus bis zu diversen Fischspezialitäten findest du allerlei regionale Leckerbissen auf der Speisekarte.
www.ratskeller-bremen.de

Noch mehr Küsten-Feeling direkt in Bremen bekommst du im **Knurrhahn** (Schüsselkorb 32-33). Ganz traditioneller Hering, Backfisch, aber auch mal Scampi-Spieße mit Spargel werden auf typisch nordisch-frische Art serviert. www.fischrestaurant-knurrhahn.de

Der Name ist beim **Haus am Walde** (Kuhgrabenweg 2) tatsächlich Programm. Direkt am Stadtwald herrscht Kamin-Atmosphäre und die Speisekarte geht auch über die Bremer Stadtgrenze hinaus – sogar bis nach Bayern ... www.hausamwalde-bremen.de

Spanisch

Bei **Don Carlos** (Ostertorsteinweg 74) gibt's vielleicht die beste Tapas-Auswahl in Bremen und viele andere spanische Leckereien noch dazu. Das Ambiente mit vielen Instrumenten und Spiegeln an der Wand ist edel und gemütlich zugleich.
www.don-carlos-bremen.de

//80 Essen unterwegs

Im **Bodega del Puerto** (Schlachte 31) gibt's im Winter jeden ersten Freitag im Monat ein Tapas-Buffet, aber auch sonst kannst du zwischen vielen kalten und warmen Tapas auf der Karte wählen. Geschmackliche Abwechslung ist garantiert.
www.bodega-bremen.de

Mexikanisch

Das **Bolero** (Langenstr. 68) lädt zum Cocktailtrinken an der Schlachte ein, aber auch die Fajitas und Enchiladas sind ein Traum. Und für zwischendurch einfach hausgemachte Tortillas bestellen.
www.bremen.bolerobar.de

Das **Mexcal** (Martinistr. 61) macht seinem Namen alle Ehre und bietet mexikanisch-kalifornische Gerichte. Von den üblichen Verdächtigen wie Fajitas und Tacos über mexikanische Tapas bis zum deftigen Barbecue wird dir hier allerhand geboten. Das mexikanische Fieber entbrennt dann spätestens beim Essen.
www.mexcal-restaurant.de

Italienisch

Im **Bellini** (Vor dem Steintor 37) erwarten dich frische Antipasti und eine große Auswahl an Pizzas, die hauchdünn und original italienisch sind. Auch Pasta wird hier täglich selbst hergestellt und ein Blick auf die Tageskarte lohnt sich. Das Restaurant ist städtisch schick. www.bellini-bremen.de

„Die Welt ist eine Nudel" ist das Motto im **SpaghettiHaus** (Langenstr. 2-4), in dem sich eben alles um Pasta dreht. Das Ambiente

ist warm und herzlich – die Gerichte heiß und frisch: vom Napoli-Klassiker bis zu ausgefallenen und edlen Pasta-Kompositionen.
www.spaghetti-haus.de

Indisch

Maharani (Findorffstr. 114) zaubert scharfe indische Gerichte mit ordentlich Tandoori-Masala auf deinen Teller. Besonders empfehlenswert ist Thali: kleine Schälchen mit vielen verschiedenen Leckereien. Im Restaurant fühlst du dich fast wie in einem indischen Tempel. www.maharani-bremen.de

Asiatisch

Das **Pochana Thai Restaurant** (Langenstr. 14) ist ein Aushängeschild der Thai-Küche. Hier wird nicht europäischem Geschmack nachgehechelt, sondern authentisch thailändisch gekocht. Dafür ist das Restaurant mit Auszeichnungen hochdotiert. Aber neben dem Essen wird auch jede Menge Beiprogramm geboten: Einmal im Monat kannst du Thaitänze bewundern, regelmäßig wird ein Thai-Kochkurs angeboten und jedes Jahr kommt sogar ein Schneider aus Thailand zu Besuch, um Aufträge für Maßanfertigungen entgegenzunehmen. So kannst du bei deinem nächsten Besuch auch original thailändische Kleidung tragen.

www.pochana-thai.de

Das **Shanghai China-Restaurant** (H.-H.-Meier-Allee 6) ist ein Traditionshaus in der Hansestadt und dennoch überzeugt es mit einer gelungenen Mischung aus traditioneller Dekoration und moderner Einrichtung. Die Küche verzichtet zum Glück auf modernen Schnickschnack und bringt schnörkellose China-Gerichte auf den Teller – die hausgemachten Nudeln und Frühlingsrollen zeigen, wie frisch chinesisches Essen schmecken kann.
www.shanghai-bremen.de

Von allem ein bisschen und lecker

Im **Piano** (Fehrfeld 64) bist du absolut international unterwegs, denn hier verbindet sich Bistro-Küche mit italienischem Genuss und Kaffeehaus-Atmosphäre. Die kleinen, ehrlichen Gerichte passen zu jeder Tageszeit und wenn du noch zu müde bist, um dich zu entscheiden, kannst du täglich bis 15.00 Uhr auch einfach frühstücken.
www.cafepiano-bremen.de

Besondere Restaurants

Auf dem **Pannekoekschipp Admiral Nelson** am Schlachte-Anleger kommt man leicht zu der Überzeugung, dass die Welt doch eine Scheibe sein könnte. Hier gibt's die besten Pfannkuchen der Stadt – dafür bürgen Mannschaft und Kombüse – und das in schier grenzenlosen Variationen. Auf dem historischen Dreimaster kannst du unter Deck oder auf Deck in der (raren) Bremer Sonne schlemmen. Und wenn du mal was ganz anderes brauchst: Grünkohl gibt's auch. Auf Wunsch sogar mit Tofuwurst. www.admiral-nelson.de

Das **Restaurant 1783** (Am Markt 13, Haus Schütting) befindet sich in einem historischen Gewölbekeller direkt am Marktplatz, ist aber alles andere als dunkel oder angestaubt. Hier wird lässige Eleganz gepflegt: In den Sitznischen speist du unter modern interpretierten Leuchtern und auch auf dem Teller findest du traditionelle Gerichte in zeitgemäßer Interpretation. Schick, aber nicht abgehoben.
www.17-83.de

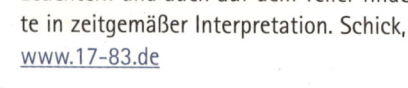

Wie lässig-leicht man als Großstädter übers internationale Parkett schlurft und dabei trotzdem frisch aussieht, macht dir die **urbano restaurant & weinbar** (Am Landherrnamt 5) im Schnoorviertel vor. Bunt, gemütlich und dennoch unaufdringlich luftig ist das Ambiente und die Küche macht Fusion, wie man es gerne hat: nicht zu kompliziert und trotzdem mutig. Schließlich passen Grenzen längst nicht mehr ins neue Jahrtausend. Vorsicht: Könnte leicht zum Lieblingsrestaurant werden. www.urbano-bremen.de

Schröter's Leib & Seele (Schnoor 13) entführt dich mal eben in ein sommerliches Landhaus irgendwo am Mittelmeer. Vor allem der Sommer-Winter-Garten bietet die perfekte Kulisse für ein romantisches Essen zu zweit oder einen 3-Gänge-Kurzurlaub vom Bremer Wetter. Die Karte mischt mühelos mediterrane Köstlichkeiten mit dem Besten aus der norddeutschen Küche von heute. Fein.
www.schroeters-schnoor.de

Wenn es einfach mal die große Geste sein soll, der repräsentative Rahmen, die formvollendete Eleganz, dann gibt es schon lange eine Adresse in Bremen, die dich hochpoliert, festlich beleuchtet und mit absoluter Spitzenküche empfängt: das **Park Restaurant** im Dorint Park Hotel im Bürgerpark.

Hier wird der Hummercocktail als leichte Vorspeise direkt am Tisch zubereitet, das Lachsfilet ruht sanft an Safranschaum und die Dessertsymphonie kommt selbstverständlich dreistöckig daher. Über die Höhe der Rechnung muss man natürlich kein Wort verlieren.
http://hotel-bremen.dorint.com

--> Restaurants --> Park Restaurant

Kaffee
endlich
Cappuccino

Durst?

Durst? Durst? Durst?

Bier Bier Bier

Bier

Wein Wein Wein

Kaffee Wein Bier Cappuccino Cappuccino Cappuccino endlich Kaffee Cappuccino Kaffee Wein Bier

//86 Durst? Bier Wein Trinken
Wasser
Geselligkeit

Man soll ja trinken, ehe man durstig ist, so der Ratschlag von Gesundheitsexperten. Also: rechtzeitig mit Freunden oder alleine einkehren und genießen. Kaffee, Tee, vollmundiger Rotwein oder süffiges Bier – in der Hansestadt musst du auf praktisch nichts verzichten. Naja, auf Wanderungen durch die Weinberge inklusive Weinproben leider schon. Aber wie wäre es stattdessen mit einer Brauereiführung?

Kaffee

Bremen ist eine Kaffeestadt. Jede zweite Tasse Kaffee, die in Deutschland getrunken wird, soll aus den großen Bremer Röstereien kommen und sogar das allererste deutsche Kaffeehaus wurde hier 1673 auf dem Marktplatz eröffnet. Wie um diese Tradition aufrecht zu erhalten, gibt es heute natürlich diverse Cafés und Coffee Shops für gemütliche Mußestunden oder für alle, die es eilig haben, mit Coffee to go. Wo du am besten „kaffeesieren" kannst, erfährst du hier:

Der Sitzkaffee

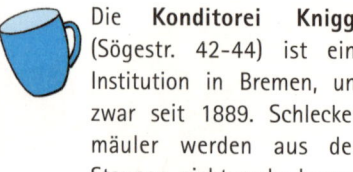

bremisch für kaffee trinken geh(en)

Frida Kahlo lebt – in Bremen im **Café Frida** (Pappelstr. 73). Da der Name von der Künstlerin herrührt, ist das Café natürlich besonders farbenfroh eingerichtet. Zum Kaffee gibt es leckere selbst gemachte Torten und Kuchen und außerdem ganztägig heiße Paninis in süß und herzhaft. www.artep73.de --> Café

Die **Konditorei Knigge** (Sögestr. 42-44) ist eine Institution in Bremen, und zwar seit 1889. Schleckermäuler werden aus dem Staunen nicht mehr heraus-

kommen, denn so vielseitig sind die ganzen Kuchen, Torten, Pralinen und Bremer Süßspeise-Spezialitäten. Perfekt, um stilecht zu kaffeesieren. www.knigge-shop.de

Auch das **Café Tölke** (Schnoor 23A) in Bremens ältestem Stadtviertel liefert traditionsreiche Backkunst. Das klassische Kaffeehaus mitten im Touri-Viertel lädt mit Wiener Kaffeespezialitäten und einer urig-altmodischen Einrichtung zu einer längeren Verschnaufpause ein.
www.schnoor-in-bremen.de --> Gastronomie --> Café Tölke

So beliebt wie das **Piano** (Fehrfeld 64) ist wohl kaum ein anderes Café im Viertel. Besonders zu Frühstücks-Stoßzeiten treten sich hier Studenten, junge Familien und andere Besucher gegenseitig auf die Füße. Aber die Lage ist eben auch perfekt dafür geeignet, dem bunten Treiben im Viertel zuzusehen, drinnen wie draußen.
www.cafepiano-bremen.de

Im **Café Radieschen** (Buntentorsteinweg 65) gibt's Bio- und Carokaffee, Gesprächsrunden und Erinnerungen. Ja, richtig gelesen, Erinnerungen. Denn mit altmodischer Einrichtung, Sammelgeschirr und nicht zuletzt wegen der Lage neben dem Friedhof möchte die Besitzerin ihre Gäste dazu einladen, sich mit einem Lächeln an Vergangenes zu erinnern.
www.radieschen-bremen.de

//88 Durst?

Bier Wein Trinken
Wasser
Geselligkeit

Das **Café Heinrich** (Contrescarpe 45) ist vor allem eins: lässig und unaufgeregt. Auf Holzstühlen oder auf dem langen roten Ledersofa genießt man hier Kaffee, Tee und die regionale Bio-Küche. Der Blick geht in Richtung Wallanlagen. Kurzum: perfekt für alle, die es leger mögen. www.fedelhoeren.de --> Café Heinrich

Marianne (Berliner Str. 22) ist – nicht nur, aber auch – ein Treffpunkt für Leute, die auf bio stehen und vegan oder vegetarisch leben. Sehr stylisches kleines Café mit selbst gemachtem Kuchen, Frühstück sowie Tee und Kaffee. Natürlich alles bio.

Kaffee zum Mitnehmen

Wer sich nicht alleine ins Café setzen mag oder es einfach mal eilig hat, der bestellt „zum Mitnehmen bitte". Oft belächelt oder gar verachtet, passt der Coffee to go aber eben perfekt in den auch mal stressigen Alltag. Hier ein paar gute Adressen:

Café Unikum (Bibliotheksstr. 1): Zu lange geschlafen und nun spät dran? Doch ohne Kaffee geht nix? Im Café Unikum auf dem Campus gibt's schnellen Espresso, Cappuccino & Co. für auf die Faust. Und nun ab in die Vorlesung. www.cafe-unikum.de

Übrigens: Wem das bloße Trinken nicht langt, in der Privatrösterei **Lloyd Caffee** (Fabrikenufer 115) kann man auch Kaffeeseminare besuchen und richtig was lernen. www.lloyd-caffee.de

Das **DOCKS** (Konsul-Smidt-Str. 8R) ist ein Coffee Shop wie er im Buche steht. Das Interieur in grasgrün und holzbraun unterstreicht noch die Frische der Speisen und Getränke. Direkt am Hafenbecken weht dazu eine leichte Brise. Ideal für die Mittagspause oder für einen Spaziergang an der Weser. www.docks-cafe.de

Coffee-Corner (Ostertorsteinweg 1): gemütliches Café direkt am Sielwall. Super geeignet, um sich bei einem Bummel durchs Viertel mit einem Coffee to go, einem lecker belegten Bagel oder einem köstlichen Muffin zu stärken. www.dasviertel.de --> Geschäfte
--> Coffee-Corner

Maître Stefan (Am Wall 201): Un croissant et un café au lait? Nichts leichter als das. Hier gibt's tolles französisches Gebäck und natürlich Milchkaffee, alles auch zum Mitnehmen. Jedoch nicht zu Back-Discounter-Preisen. Geschmack hat eben seinen Preis.
www.maitre-stefan.de

Das **Espressomobil**, ein kleiner roter Flitzer, steuert jeden Dienstag, Donnerstag und Samstag den Findorffmarkt (Neukirchstr.) an. Wer also beim Bummel über den Wochenmarkt einen Koffeinschub braucht, der sollte hier einen Stopp machen.
www.findorffmarkt-bremen.de

--> Espressomobil

In den Neustadtswallanlagen in der Sonne fläzen und das Vogelgezwitscher genießen, herrlich! Jetzt fehlt nur noch ein leckerer portugiesischer Milchkaffee und vielleicht ein Eis ... Klingeling, da kommt ja schon der **Café-Express** des Café Lisboa (Friedrich-Ebert-Str. 110) – als könnte er Gedanken lesen. In den Sommermonaten immer zwischen 16.00 und 17.00 Uhr.

Und was is' mit Tee?

Ja, wie schon erwähnt, ist Bremen eher Kaffee- als Teestadt. Und das, obwohl wir ja so dicht an Ostfriesland dran sind. Sei's drum:

//90 Durst?

Natürlich gibt es hier dennoch einige gemütliche Teestübchen, in denen Teetrinker und jene, die es werden wollen, ihre Tea Time genießen können.

White Rabbit (Am Hulsberg 111): Folge dem weißen Kaninchen und es führt dich in eine zauberhafte Welt aus süßen Kuchenstücken und entzückenden Cupcakes. Very british, da bekommt man direkt Lust auf einen Tee. Kurz: perfekt, um dem Alltag für eine Weile zu entfliehen. www.white-rabbit-bremen.de

Coffee-Art-House Allegretto (Knochenhauerstr. 5): Hier wartet ein schönes und zeitlos eingerichtetes Kaffeehaus in der Innenstadt, das mit je einer dicken Kaffee- und Teekarte überzeugt. Und wer es ein wenig frischer mag: Auch die Shakes und Smoothies dort sind unbedingt zu empfehlen.

Teestübchen im Schnoor (Wüstestätte 1): Mitten in der Altstadt in einem historischen Fachwerkhaus – gemütlicher geht's kaum. Über 80 Tee- und Kaffeespezialitäten kann man hier probieren. Dazu gibt's natürlich selbst gebackenen Kuchen. Und wer nicht genug bekommt, der kann sich im kleinen Shop auch für zu Hause eindecken. www.teestuebchen-schnoor.de

> Tipp für echte Teefans:
> Die Teezeremonie im Übersee-Museum (Bahnhofsplatz 13) in der Asien-Ausstellung. Hier könnt ihr die Zubereitung des japanischen Tees und den Ablauf einer traditionellen Teezeremonie live miterleben.
> www.uebersee-museum.de
> --> Veranstaltungen
> --> Vorführungen

Wein

Bremen, mitten im platten Norden gelegen, ist ja nun nicht gerade eine Weinregion im klassischen Sinne. Das hält die Bremer aber selbstverständlich nicht davon ab, Weinkenner, Weinliebhaber oder einfach nur Weintrinker zu sein. Hier gibt's ein paar Tipps, wo man gut Wein kaufen oder genießen kann.

Weinhandlungen

Klar, Wein kann man auch im Supermarkt um die Ecke kaufen. Aber wer Zeit hat und einen guten Wein zu schätzen weiß, der sollte sich mal beim Fachhändler seines Vertrauens beraten lassen, probieren und erst dann kaufen. Wo du einen Fachhandel findest? Hier:

VivoLoVin (Duckwitzstr. 54-56 und Neukirchstr. 41) ist ein Groß- und Einzelhandel für reine Weine, sprich aus biologischem Anbau. Über 400 unterschiedliche ausgewählte Weine, vom Klassiker bis zum Trendwein, können hier gekauft werden. Mit der angegliederten Logistik Weinwerke Bremen und dem Mehrwegsystem wird außerdem auch aktiv ein Beitrag zum Umweltschutz geleistet. www.vivolovin.de

Kiek Rin (Vor dem Steintor 158/160): Das ist nicht bloß ein Name, sondern genauso gemeint. Einfach vorbeischauen, fachsimpeln und probieren. Hier steht die Leidenschaft hinter dem Tresen. Für alle, die Wein und Gespräche darüber lieben.
www.kiekrin-weinhandlung.de

Der **Bremer Ratskeller** (Schoppensteel 1) ist schon seit 1405 eine Adresse für guten Wein. Es muss ja nicht gleich der Rüdesheimer von 1653 sein (den durften bisher sowieso nur eine Handvoll Leute kosten), aber der Bremer Ratskeller ist auch sonst für fabelhafte und erlesene Weine bekannt. Hier wird dir das größte Sortiment an deutschen Weinen geboten, das du weltweit finden kannst, darunter auch viele Raritäten. Auf jeden Fall solltest du mal eine der Kellerführungen inklusive Verkostung mitmachen. www.ratskeller.de

Die Besitzerin des **Findorffer Weinladens** (Admiralstr. 158) wurde für ihren Gründungsmut mit dem belladonna-Gründerinnenpreis

geehrt. Als gelernte Sozialpädagogin ist sie nämlich Quereinsteigerin im Weingeschäft. Heute liefert sie nach Ladenschluss die bestellte Ware umweltfreundlich mit dem Fahrrad aus und organisiert gesellige Weinproben und Weinevents. Die Beratung ist stets top und unaufdringlich freundlich. www.findorffer-weinladen.de

Weinlokale

Mit fruchtiger oder schokoladiger Note? Rot oder weiß? Oder gar rosé? Probier dich einfach mal durch die Weinkarten der folgenden Weinstuben und Bistros:

La Fattoria (Wachmannstr. 52) ist Italien pur: guter Wein, leckere Gerichte und perfekter Kaffee. Bei einem guten Tropfen kommen die Urlaubsgefühle von ganz allein. Und das Beste: Auch für zu Hause kann man sich hier mit italienischen Lebensmitteln versorgen. www.la-fattoria.de

Das **Adamz** (Pappelstr. 80) ist kein eigentliches Weinlokal, die Weinkarte ist sogar recht übersichtlich, doch das kleine Bistro hat dieses „Je ne sais quoi" – und so lässt sich hier ganz besonders im Sommer wunderbar ein kühler Weißwein genießen. Im gemütlich kleinen Biergarten (trotz des Namens) oder an den Bistrotischen auf der belebten Pappelstraße. www.adamz.de

Das stilvolle **WeinCafé Engel** (Ostertorsteinweg 31/33) ist eine gelungene Mischung aus gemütlich und elegant. Innen wie außen lässt es sich herrlich entspannen und Leute gucken. Nur die Wahl des Weines fällt bei der umfassenden Karte wirklich schwer. www.engelweincafe-bremen.de

Das **Paradiso** (Vor dem Steintor 196) bietet Kost für Geist und Gaumen. Denn neben einer reichhaltigen Auswahl an Weinen (plus Prosecco, Sherry, und, und, und) gibt's im Paradiso Musikabende, Lesungen und Ausstellungen. www.paradiso-weinbar.de

Die **Weinbar malbec** (Langenstr. 2-4) befindet sich im Kontorhaus direkt in der Innenstadt. Und die beiden Inhaber aus Argentinien und Spanien verstehen wirklich was von ihrem Fach: Hier gibt es sehr guten Wein (mit einem Schwerpunkt auf Spanien, Argentinien und Chile) und leckere Tapas. Sparfüchse aufgepasst: eher Klasse statt Masse. www.weinbar-malbec.de

Bier

Heimische Biere

Wer an Bremer Bier denkt, der denkt an **Beck's**. Inzwischen gehört die Brauerei Beck (Am Deich 18/19) zwar zum internationalen Konzernriesen Anheuser-Busch InBev, aber das gute alte Beck's wird immer noch in Bremen hergestellt und natürlich auch getrunken. Hast du Interesse, mal eine Brauerei von innen zu sehen und mehr übers Brauen, Zapfen und Genießen zu erfahren, kannst du hier geführte Touren buchen. www.becks.de

Wer nicht gerne auf ausgetretenen Wegen läuft oder besser: trinkt und stets nach Alternativen sucht, der wird übrigens auch in der großen Beck's-Brauerei fündig: Hier wird mittlerweile auch das regionale **Haake-Beck** als Pils, naturtrübes Kräusen oder Maibock gebraut. www.haake-beck.de

Aber natürlich gibt es neben dem Brauerei-Riesen auch noch andere Adressen für Bremer Bier. Die kleine Gasthausbrauerei **Schüttinger** z.B. bietet dem geneigten Trinker ein süffiges, naturtrübes, untergäriges Bier. Dazu gibt es direkt vor Ort deftiges Essen und kleine leckere „Braumeister Tapas" wie Matjessalat und Griebenschmalz. www.schuettinger.de

Aber auch das weniger bekannte Bio-Bier **Nordsch** findet immer mehr Anhänger – zum Beispiel mit Nordsch Naturtrüb, Schwarzbier und extra für bestimmte Bremer Lokale gebrauten Spezialitäten. Wo du den exklusiven Gerstensaft probieren kannst? Das erfährst du hier: www.nordsch.de --> Verkauf

Das **Hemelinger**, eigentlich ebenfalls ein Bremer Urgestein und nach einem Bremer Stadtteil benannt, wird seit 2012 leider nicht mehr in Bremen hergestellt, sondern in Braunschweig. Getrunken wird es trotzdem. www.hemelinger-bier.de

Dunkelbier-Liebhaber sollten das **Schnoor Bräu** probieren. Einst eigens für das Restaurant Kleiner Olymp im Schnoor hergestellt, kann es mittlerweile vor Ort auch in zahlreichen Läden gekauft werden. Gebraut wird es allerdings auch nicht in Bremen, sondern in Baden-Württemberg. www.schnoorbraeu.de

Kneipen
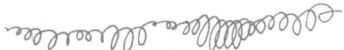

Im Winter oder auch bei schlechtem Sommerwetter spielt sich das Leben drinnen ab – zum Beispiel in einem der zahlreichen Bierlokale, die Bremen zu bieten hat. Ob heimelig-rustikal oder schick-urban: Finde deinen Favoriten.

Im Katharinenkloster in der Innenstadt wird das Restaurant **Stadtwirt** sowie die **Stadtbar** (Katharinenklosterhof 7) betrieben. Die alten gotischen Kellerräume und der teilweise überdachte Innenhof

erzählen ein Stück Bremer Geschichte und machen den besonderen Charme des Lokals aus. Moderne trifft auf Mittelalter.
www.stadtwirt-bremen.de

Das **Schüttinger** (Hinter dem Schütting 12/13) ist Bremens erste Gasthausbrauerei und bei Bremern und Besuchern sehr beliebt. Besonders zwischen 17.00 und 20.00 Uhr ist es hier rappelvoll, denn dann gibt's das Eurobier – ein kleines Bier für 1 Euro und ein großes für 2 Euro. Sehr gesellig und fast immer eine super Stimmung. www.schuettinger.de

Im **Connection** (Möckernstr. 40) wird Kneipengemütlichkeit groß geschrieben. Rauchen ist erlaubt, die Stimmung ist entspannt und zum zusätzlichen Zeitvertreib stehen Dart, Kicker und Gesellschaftsspiele zur Verfügung. www.connection-bremen.de

Das **Hegarty's** (Ostertorsteinweg 80) ist ein klassischer Irish Pub mit Stout, Cider und Live Music. Sehr gemütlich, meist tolle Stimmung und am Wochenende häufig sehr gut besucht.
www.hegartys.de

Im **Taubenschlag** (Auf dem Peterswerder 6) geht es ganz besonders bei Werder-Spielen rund. Die Kneipe liegt direkt auf dem Weg zum Weserstadion und ist so ein beliebter Treffpunkt zum Fußballgucken und gemeinsamen Biertrinken. www.taubenschlag-bremen.de

Das **Gastfeld** (Gastfeldstr. 67) ist ein uriges Kult- und Kulturlokal in der Bremer Neustadt. Hier treffen sich Jung und Alt auf ein Bier oder zu Konzerten, Lesungen und Ausstellungen. Eine gelungene und lässige Mischung. www.gastfeld.de

Achim's Beck'shaus (Carl-Ronning-Str. 1) ist eine gemütliche und urige Kneipe im Herzen von Bremen. Das Essen ist gutbürgerlich und passt perfekt zum frisch gezapften Beck's, Haake-Beck Kräusen oder Fürstenbräu Granat von Hasseröder. www.beckshaus.de

//96 Durst

Bier Wein Trinken
Wasser
Geselligkeit

Im Ecklokal **Rote Nase** (An der Gete 106) wird neben regionalen Sorten auch das Zwick'l Kellerbier angeboten: Naturbelassen, hefetrüb und unfiltriert ist dieses süffige Flaschenbier ein echter Genuss. www.rotenase-bremen.de

Biergärten

Die Sonne brennt vom Himmel und du hast nur Lust auf eins: ein kühles Blondes! Dann Freunde geschnappt und ab in den Biergarten. Ja, richtig, den Biergarten – gibt's tatsächlich auch in Bremen.

Annas Welt (Yorckstr. 5) ist ein bisschen versteckt in der Bremer Neustadt gelegen. Doch die Suche lohnt sich in jedem Fall, denn abseits vom allgemeinen Kneipentrubel fühlt es sich fast an, als säße man im eigenen Garten.

Im **Port Piet** (Neukirchstr.) am Torfhafen gibt's zum Bier maritimes Flair gratis dazu. Hier kann man auf Liegestühlen chillen, aufs Wasser blicken und ein kühles Bierchen oder ein Glas Wein genießen. Auch die Flammkuchen sind sehr zu empfehlen.
www.portpiet.de

An der Bummelmeile **Schlachte** reiht sich ein Biergarten an den anderen. Hier kannst man herrlich am Wasser sitzen, Bier trinken und natürlich Leute gucken. Fast jeder Biergarten bietet auch kleine Snacks an. Wer großen Hunger hat, wechselt die Straßenseite und nimmt in den dazugehörigen Lokalen Platz. www.schlachte.de

Das **Bierbike**: Von den einen schie verachtet, von den anderen al Superspaß gehypt. Wie dem auc sei, wer Lust hat, Bremen bier trinkend und radelnd kennenzu lernen, der sollte sich ein paar Freunde schnappen und auf der Website der **Linie 66** eine Tour buchen. Alle Bikes werden natürlich nur mit nüchternem Fahrer verliehen. www.linie66.de

Der Biergarten **Zur Moorlosen Kirche** (Mittelsbühren 36) im Bremer Norden ist definitiv einen Ausflug wert. Mit dem Drahtesel, mit dem Schiff oder auch kombiniert gelangt man zu der idyllisch gelegenen Gaststätte direkt an der Weser.
www.an-der-moorlosen-kirche.de

Die **Waldbühne** (Parkallee) liegt, du ahnst es bereits, im Wald. Und zwar im Wald des Bremer Bürgerparks. Vor, während oder nach einem Spaziergang kann man hier wunderbar einkehren und sich stärken. Außerdem finden hier ganzjährig tolle Jazzkonzerte statt, im Winter aber natürlich drinnen. www.waldbuehne.com

Und auch das **Haus am Walde** (Kuhgrabenweg 2) liegt in der Nähe des Bürgerparks und lässt sich so ebenfalls perfekt in einen Spaziergang oder eine Radtour einbinden. Im lauschigen Ambiente unter den großen alten Bäumen gibt es natürlich Bier und es finden Konzerte und Open-Air-Kinovorstellungen statt.
www.hausamwalde-bremen.de

Cocktails & Longdrinks

Ein bodenständiges Bier ist ja schön und gut, aber manchmal sehnst du dich einfach mal nach schicken Longdrinks und Cocktails mit bunten Schirmchen? Darauf musst du in Bremen natürlich auch nicht verzichten.

Das **Bistro Brazil** (Ostertorsteinweg 83) nennt sich auch „The Home of Fine Cocktails". Das sagt doch schon alles. Mitten im Viertel gelegen, kommt man hier praktischerweise immer vorbei, wenn man zum Feiern unterwegs ist. Hier trifft sich eine bunte Mischung, eben ganz das Viertel. Die Cocktailkarte umfasst etwa 100 Drinks.
www.bistro-brazil.de

Das **Haibachs** (Schwachhauser Heerstr. 213) ist schlicht und modern, in Brauntönen eingerichtet und mit Leder, gemütlicher Beleuchtung und großer Bar ausgestattet. 20 Cocktails und elf Longdrinks stehen auf der Karte. Besondere Tipps: sonntags zum Tatortgucken hin. Und Freunde des Gins können sich hier beim Gin & Tonic Tasting vergnügen. www.facebook.com/Haibachs

Der **Blaue Fasan** (Langenstr. 81) ist eine stylische kleine Großstadt-Bar in der Nähe der Schlachte. Neben Klassikern gibt es hier auch ausgefallenere Cocktails, wie zum Beispiel Fasanenblut und Thai-Pirinha, auf der Karte. Tolles Flair. www.blauerfasan.de

Der Eingang zur **Lemon Lounge** (Am Wall 164) ist ein bisschen versteckt, auch wenn man eigentlich weiß, wo sie ist. Sehr gemütliche Atmosphäre mit Blick auf die Wallanlagen. Vorteil für alle Glimmstängel-Liebhaber: Rauchen erlaubt. www.lemonlounge.de

Die Lounge-Bar **Vivien Wu** (Kolpingstr. 14) im Bremer Schnoor ist stylish-schwarz eingerichtet und besticht mit chilliger Atmosphäre und dezenter Barmusik. Die Cocktail-Auswahl reicht von traditionell bis kreativ-innovativ und für größere Gruppen, die unter sich bleiben wollen, gibt es ein Separee. www.vivienwu-bar.de

Oililio – Die Studentenbar (Vorstr. 95) liegt natürlich in Uni- und Wohnheim-Nähe. Die Einrichtung ist mit viel Holz und Pflanzen sehr leger und die Preise sind der studentischen Zielgruppe angepasst: Cocktails 5 Euro! Ein Ort zum Trinken, Treffen und Tratschen. www.oililio.de

Cocktails Longdrinks
Zum Wohl
Prost Bierkultur

Lemans (Keplerstr. 36): sehr kleine, aber feine Bar in einer der Nebenstraßen im Viertel. Etwas versteckt und oft sehr voll, was natürlich auch mit der geringen Größe zusammenhängt. Die Atmosphäre ist heimelig, die Cocktails lecker und die Musik meist angenehm loungig.

Das **Bermuda** (Fehrfeld 34) liegt – wie sollte es anders sein – im Bermuda-Dreieck im Viertel. Für alle, die es (noch) nicht wissen: Hier kann man echt verloren gehen! Die Einrichtung ist lässig im Surfer-Stil gehalten. Ganz besonders günstig ist es bei der Happy Hour 2 für 1, die für Bier und Cocktails gilt.

Die **Beluga Bar** (Auf den Häfen 12-15) liegt in einer der schönsten Kneipenmeilen Bremens. Insbesondere an lauen Abenden macht der langgezogene Hinterhof mit stimmungsvoller Beleuchtung wirklich was her. Das Beluga selbst erinnert im Inneren, getreu dem Namen, an Unterwasserwelten. Die Cocktailkarte ist umfangreich.
www.beluga-bar.de

Bremen   Bremen
endlich endlich endlich

Grillen
Biergarten
Biergarten

Badesee
Eis Badesee Badesee
Grillen

Es ist Sommer!

Sommer!
Sommer! *endlich*

Kicken

Kicken

Grillen Grillen
Badesee Grillen
Badesee Grillen Grillen
Biergarten Grille
Biergarten *endlich*
Biergarten

//102 Es ist Sommer!

Grillen Baden
Sonne
Eis
Kicken

In the summertime ... Die Tage sind lang, die Abende lau und auch bei 30 Grad weht in Bremen meist ein angenehmes Lüftchen. Kaum jemand möchte jetzt drinnen sitzen, alle wollen das Leben draußen genießen. Also, was tun in der Hansestadt? Eis essen, baden gehen oder wie wäre es mit etwas Sport?

Eis

Eis geht ja eigentlich immer, nicht nur im Sommer. Aber im Eiscafé sitzen oder mit der Waffel in der Sonne spazieren gehen, das macht bei schönem Wetter natürlich entschieden mehr Spaß. In Bremen gibt es fast in jedem Stadtteil ein Eiscafé, das schnell zu erreichen ist, wenn dich der Eishunger überkommt. Hier eine kleine Auswahl, von F wie Findorff bis S wie Schwachhausen.

Im **Eislabor** (Am Schwarzen Meer 152 und Vor dem Steintor 31) wird experimentiert, was das Zeug hält. Und heraus kommen Sorten wie „Gorgonzola Mandarine" oder „Börne Möhrchen". Aber natürlich auch Klassiker wie Erdbeere und Schokolade. Vegane Sorten werden mit einem „V" gekennzeichnet und alkoholische Verrücktheiten mit „FSK 18". Das Sortiment wechselt wöchentlich. Tipp: Bei Facebook gucken und schon mal aussuchen.
www.facebook.de --> Eislabor Bremen

Auch in der Bremer Neustadt gibt es mit dem **Eismacher** (Buntentorsteinweg 246) einen abenteuerlustigen Eisproduzenten, der seine Kunden immer wieder mit neuen Sorten überrascht. Auch das selbst zu kreierende Eissandwich ist den ein oder anderen Versuch

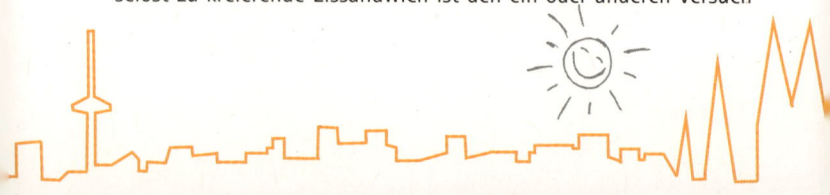

wert: Zwei Kugeln nach Wahl und dann oben und unten 'ne Waffel – fertig. www.facebook.de --> Der Eismacher

Im **Eiscafé Marco Ferrari** (Vor dem Steintor 110) gibt es klassisch-italienische Eiskunst und auch das Café an sich ist fast schon ein Klassiker im Viertel. Das Eis gibt's zum Mitnehmen, du kannst aber auch ganz gemütlich im Hinterhof sitzen. Egal wie, es ist superlecker, viele Fruchteissorten sind vegan, die „normalen" Sorten herrschen aber vor. www.dasviertel.de --> Geschäfte
--> ferrari Gelateria

Cercenà (Hemmstr. 124 und Schlengstr. 2b): Eisgenuss mit Geschichte. Schon seit dem 19. Jahrhundert verwöhnt die Familie ihre Gäste mit Eiskreationen aus frischen und hochwertigen Zutaten und stellt noch heute alles selbst her. Als Topping gibt es hausgemachte, leckere Saucen. www.cercena.de

Eiscafé **Tiziano** (Pappelstr. 90) in der Neustadt ist (nicht nur) durch die zentrale Lage ein beliebter Treffpunkt. Traditionelle Sorten werden durch saisonale Neuheiten ergänzt. Besonderer Pluspunkt ist die große Auswahl an Eisbechern – von Kalorienbomben mit Nuss und Schokolade über vitaminreiche Varianten mit Obst bis zu alkoholischen Exoten. www.facebook.de --> Gelateria Tiziano

Eis Molin (Gröpelinger Heerstr. 159, Wachmannstr. 41 und Rockwinkeler Heerstr. 14) hat nicht nur drei Cafés über ganz Bremen verteilt, sondern ist mit dem Eiswagen auch noch mobil unterwegs.

Super Sache für alle, die zu faul sind, zum nächstgelegenen Eis Molin zu laufen. Das Eis aus besten Zutaten stammt aus traditionell italienischer Herstellung. Auch für Diabetiker ist etwas dabei.
www.eis-molin.de

Auch **Manke und Coldewey** ist für dich unterwegs. Und zwar mit „Eis wie Sahne". Der Schaustellerbetrieb mit dem Schaumeis, auch Kirmes-Eis genannt, tummelt sich auf verschiedenen Volksfesten in ganz Norddeutschland. Das Eis ist sahnig, locker aufgeschlagen und kann pur, mit Früchten oder Streuseln verputzt werden. Wo der Wagen aktuell zu finden ist, erfährst du auf:
www.eis-wie-sahne.de

Übrigens: Sahniges Schaumeis wie auf dem Jahrmarkt gibt's auch im **Eis-Paradies Butzke** (Neukirchstr. 2). Als kleiner Tipp für die jahrmarktsfreien Zeiten.

Snuten Lekker: Bio-Eis vom Feinsten stellt der Familienbetrieb Kaemena im Blockland her. Tolle Sorten wie Mohn, Quark-Sesam oder Kürbiskern im Herbst stehen hier auf der Karte. Entweder man macht einen kleinen Radausflug zur Blocklander Eisdiele (Niederblockland 6) oder man besucht die Website, um zu erfahren, wo man in Bremen City das Snuten-Lekker-Eis bekommt.
www.snuten-lekker.de

Baden

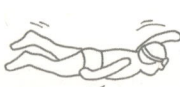 

Hach, es gibt an heißen Tagen ja kaum etwas Schöneres, als die überhitzte Haut mit einem Sprung ins kühle Nass zu erfrischen. Jetzt hat man noch die Qual der Wahl: ein blitzsauberer Pool im Freibad oder lieber ganz naturell am Baggersee? Beides hat ja seine Vorteile. Zur leichteren Entscheidungsfindung hier ein Überblick über die besten Erfrischungsgebiete im Sommer:

Schwimmen Wandern
Klettergarten Badesee

Freibäder

Das **Schlossparkbad** (Schlosssparkstr. 52) bietet mit weitläufigen Liegewiesen ausreichend Platz zum Sonnenbaden. Wer Hunger bekommt, nutzt die vorhandenen Grillflächen oder deckt sich beim Kiosk ein. Große und kleine Kinder freuen sich außerdem über die Auswahl an Rutschen, Streetball- und Beachvolleyballfeldern sowie Tischtennisplatten. Kurz gesagt: Hier kann man getrost ganze Sommertage verbringen.

Das **Stadionbad** (Franz-Böhmert-Str. 13) liegt, wie der Name schon sagt, direkt neben dem Weserstadion. Und auch hier geht es sportlich zu: ein 10-Meter-Sprungturm, eine Turbo-Rutsche mit freiem Fall, eine mehrbahnige Breitwasserrutsche sowie Soccer- und Beachvolleyballplätze. Ach ja, und schwimmen kann man hier natürlich auch.

Das **Horner Bad** (Vorstr. 75) ist ein eher beschauliches Freibad am Rande von Bremen. Besondere Highlights sind das salzhaltige Solewasser, das die Haut weniger reizt als reines Chlorwasser, die Crêperie und das Wassertrampolin. Außerdem kann man hier Basketball, Beachvolleyball und Tischtennis spielen.

Westbad (Waller Heerstr. 293A): Mit Schwimmer- und Erlebnisbecken inklusive Breitwasserrutsche und Sprudelliegen kann man sich hier sportlich verausgaben oder einfach nur plantschen. Und bei Regen gibt's auch überdachte Bademöglichkeiten. Auf der Sonnenterrasse steht für alle Schleckermäuler ebenfalls eine Crêperie.

Das **Freizeitbad Vegesack** (Fährgrund 16-18) in Bremen-Nord ist wie auch das Westbad ein Kombibad. Der Freibadteil ist erst vor einigen Jahren umgebaut worden und erstrahlt daher noch immer in neuer Frische. Die ausladende Liegewiese mit Grillecke bietet Platz für Sonnenanbeter und Grillfreunde. Wer geistige Betätigung sucht, spielt Bodenschach.

Bremen
endlich endlich endlich

Das **Freibad Blumenthal** (Am Freibad 5) ist der Nachkömmling in der Bremer Bäderlandschaft: Erst seit 2010 gibt es hier sommerlich-frisches Badevergnügen für Nord-Bremer und Besucher. Modern und schön angelegt lässt es sich hier herrlich entspannen, rutschen, hüpfen, spielen und schwimmen.

Mehr Infos und die Öffnungszeiten aller Freibäder in Bremen gibt es auf: www.bremer-baeder.de

Flüsse

Bremen ist die Stadt am Fluss – nämlich an der Weser. Daher gibt es neben Freibädern und Baggerseen auch die Möglichkeit in den Fluss zu hüpfen. Aber Achtung: Das ist nicht überall erlaubt. Schließlich ist die Weser keine Badewanne, sondern eine Bundeswasserstraße.

Café Sand (Strandweg 106): Bremens einziger Sandstrand im Stadtgebiet. Toll zum Plantschen, Beachvolleyball spielen und Chillen. Sogar Strandkörbe gibt's hier und die lassen echtes Nordsee-Feeling aufkommen. Wer vom Relaxen genug hat, nimmt die Fähre rüber in die City. www.cafe-sand.de

Mehr zum Schiffsverkehr in Bremen findest du im Kapitel „Von A nach B", S. 54-55

Ein Stückchen entfernt, nördlich von Bremen liegt die **Weserhalbinsel Harriersand**, die längste Flussinsel Europas. Auf kilometerlangen Sandstränden kann man hier spazieren gehen, sonnenbaden oder Sandburgen bauen. Ein echtes Naturparadies und gar nicht so weit weg. www.brake-touristinfo.de *--> Insel Harriersand*

Badeseen

(Meist) umsonst, ohne Chlor und mit viel Platz zum Liegen sind Baggerseen häufig die bevorzugte Wahl gegenüber Freibädern. Hier die beliebtesten Badeseen in Bremen und umzu.

Vokabelprobleme? s. „Sprachregeln", ab S. 238

In Bremen

Das größte Badegewässer der Stadt ist der beliebte **Werdersee** (37 ha, 3 m tief), der streng genommen kein richtiger See ist, sondern vielmehr ein abgetrennter Nebenarm der Weser. In unmittelbarer Nähe gibt's einen Kiosk, aber auch die Stadt ist mit dem Rad oder zu Fuß recht schnell zu erreichen. Hier darf an den ausgewiesenen Stellen gegrillt werden und die großen Rasenflächen bieten Platz für Fuß- und Volleyball, Frisbee oder was dir sonst so einfällt.

Ebenfalls sehr beliebt und gut besucht ist der **Stadtwaldsee** (28 ha, 15 m tief), der wegen der Nähe zur Uni auch „Unisee" genannt wird. Hier tummeln sich Familien, Studenten in ihren offiziellen und inoffiziellen Pausen und etliche andere Erholungsuchende. Toll sind die Sportmöglichkeiten, denn man kann surfen, Kanu fahren und tauchen. Grillflächen und Beachvolleyball gibt's auch.

Das **Grambker Seebad** (2,4 ha, 3 m tief) ist ein natürlich entstandener See, der mit dichtem Baumbestand drumherum zum Relaxen einlädt. Ein Sandstrand, eine schwimmende Insel, ein Beachvolleyballfeld und ein Kiosk zählen außerdem zu den Annehmlichkeiten dieses Ausflugsziels.

Waller Feldmarksee (12,3 ha, 16,5 m tief): Hier findest du eine vergleichsweise kleine Liegewiese und einen schmalen Sandstrand. Umgeben von Kleingärten bietet der See aber besonders viel Ruhe zum Entspannen und Baden. Wer gerne surfen möchte, ist hier auch willkommen. Der See an sich ist groß genug, so dass Surfer und Badegäste sich nicht in die Quere kommen.

In Oberneuland befindet sich der idyllische **Achterdieksee** (7,6 ha, 15,3 m tief), der zu den kleineren Seen in Bremen zählt. Naturfreunde können sich hier an Seevögeln und Fischen erfreuen, für Badegäste gibt's eine hübsche Bucht und bewegungshungrige Landratten können Beachvolleyball spielen.

Der kleinste See in Bremen ist die **Rottkuhle** (0,2 ha, 7 m tief), die privat betrieben und gepflegt wird und daher auch Eintritt kostet. Dafür finden Badefreunde hier einen Grillpavillon, Bolz- und Beachvolleyballplätze sowie Tischtennisplatten und Kickertische. Also irgendwie eine Mischung aus Freibad und See.
www.rottkuhle.de

Umzu

Wer den Badespaß mit einem Ausflug in die Umgebung verbinden möchte, der findet auch umzu einige schöne Baggerseen. Hier ein paar Beispiele.

Der **Mahndorfer See** (22,4 ha, 13 m tief): Wer schon immer mal schwimmenderweise ein Bundesland wechseln wollte, der kann das hier tun. Und zwar von Niedersachsen nach Bremen. Der feine Sandstrand lässt Urlaubsfeeling aufkommen und auf drei Liegewiesen kommen zudem Sonnenhungrige, Fußballspieler und andere Sportler zu ihrem Recht.

Zu den **Ohlenstedter Quellseen** im Landkreis Osterholz gehören insgesamt drei Seen: der Maritimsee, der Goldbergsee und der Ohlenstedter Quellsee. Sie sind zwischen 1 und 5 ha groß und haben eine Tiefe von 6-12 m. Das Wasser ist schön sauber und es gibt bei allen drei Seen einen großen Sandstrand, der auch als Liegefläche dient. Grillen ist hier aber leider ausdrücklich verboten. Und es gibt noch ein weiteres Manko: Der Besuch ist kostenpflichtig.

Der **Oyter See** (23 ha, 14 m tief) befindet sich im Landkreis Verden. Die Lage ist angenehm ruhig und der Wassereinstieg ist für alle Kälte-Angsthasen schön flach. Hunde und Grillen sind hier leider verboten. Für Abwechslung sorgen Minigolf und Tischtennis.

Pack die Badehose ein – wir fahr'n ans Meer

Wenn man schon so dicht an der Nordsee wohnt, wäre es natürlich eine Schande, nicht hin und wieder über einen Ausflug ans Meer nachzudenken. Denn mit dem Auto oder der Bahn ist man ruckzuck in **Cuxhaven**, einem Ferienort nordöstlich der Wesermündung mit allem drum und dran. Eine lange Strandpromenade, Cafés, Geschäfte und diverse Sportmöglichkeiten wie Wattwandern, Kite- und Windsurfen, Beachvolleyball und Segeln. www.cuxhaven.de

Ein bisschen weiter ist es bis zu den Badeorten im **Wangerland** nordwestlich der Wesermündung, die locken aber mit mehr Ruhe und breiteren Stränden. Auch Kite- und Windsurfer, Wattwanderer und Wasserski-Fans kommen hier auf ihre Kosten. Die Bahnanbindung ist leider nicht so optimal, daher besser mit dem Auto anreisen. www.wangerland.de

Tipp: Wer nicht nur sonnenbaden, sondern auch unbedingt im Meer schwimmen will, sollte die Gezeiten beachten, damit es keine bösen Überraschungen gibt. Infos gibt's zum Beispiel beim Bundesamt für Seeschifffahrt und Hydrographie: www.bsh.de
--> Meeresdaten
--> Vorhersagen
--> Gezeiten

Sport in und auf dem Wasser

Tauchen, Surfen, Segeln, Rudern

Für alle, die auch an heißen Sommertagen Action brauchen, eignet sich der **Sportparksee Grambke** (40 ha, 11 m tief) in Bremen-Nord. Hier kann man baden, tauchen, segeln, rudern, Kanu fahren, surfen

und alles, was einem sonst so einfällt – die ganze Wassersport-Palette rauf und runter also. Das Sportangebot wird von verschiedenen Vereinen durchgeführt und ist so auch super für Anfänger geeignet, die hier einen Ansprechpartner und Betreuer finden.
www.sportparksee.de

Auch der **Stadtwaldsee/Unisee** ist für Wassersport freigegeben und besonders für Surf-Anfänger gut geeignet. Der Einstieg ist mit Steinen befestigt und der Uferbereich ist nicht besonders tief. Dank der Größe des Sees wird man als Surfer nicht von den Badegästen gestört und andersrum eben auch nicht. Von links ein Hecht, von rechts ein Karpfen: Dank seines Fischreichtums ist der Unisee auch für Taucher ein schönes Ausflugsziel. Allerdings nur für erfahrene Taucher, denn es gibt hier keine Anleitung – Ausbildungstauchgänge sind untersagt.

Kanu, Kajak, Stand Up Paddling

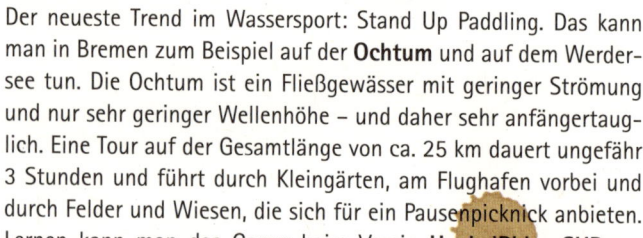

Der neueste Trend im Wassersport: Stand Up Paddling. Das kann man in Bremen zum Beispiel auf der **Ochtum** und auf dem Werdersee tun. Die Ochtum ist ein Fließgewässer mit geringer Strömung und nur sehr geringer Wellenhöhe – und daher sehr anfängertauglich. Eine Tour auf der Gesamtlänge von ca. 25 km dauert ungefähr 3 Stunden und führt durch Kleingärten, am Flughafen vorbei und durch Felder und Wiesen, die sich für ein Pausenpicknick anbieten. Lernen kann man das Ganze beim Verein **HuckelRider SUP** am Werdersee. www.huckelridersup.de

Die Ochtum bietet sich natürlich ebenso für ausgedehnte Kanu-Touren an. Wie auch fürs Stand Up Paddling gibt es diverse Ein- und Ausstiegsmöglichkeiten, die eine individuelle Fahrtenlänge erlauben.

Ein anderer Wasserweg in Bremen, der zu Bootstouren einlädt, ist zum Beispiel die **Wümme**. Sie wurde auf der gesamten Strecke

Schwimmen
Klettergarten
Wandern
Badesee

unter Natur- oder Landschaftsschutz gestellt, daher finden Ausflügler hier Ruhe, Idylle und wunderschöne Landschaften.

Wer keine eigene Ausrüstung hat, kann sich bei den folgenden Adressen Kanus leihen oder auch kaufen:

Die **Kanu-Scheune** (Timmerloher Landstr. 31) bietet den einfachen Verleih, aber auch organisierte Kanufahrten für Gruppen und Einzelpersonen an, für größere Gruppen sogar mit Übernachtung und Grillabend. Achtung, die angegebene Adresse ist nur der Firmensitz, der Übergabeort der Boote ist tourenabhängig.
www.kanuscheune.de

Das **Bootshaus Ramke** (Ahornweg 5) verleiht und verkauft neben Kanus auch motorisierte Boote aus nachhaltigem Bootsbau. Oder man bucht einen der Bootsbau-Workshops und bastelt sich seinen eigenen schwimmenden Kahn gleich selbst. Außerdem können eigene Boote im Bootshaus Ramke eingelagert werden.
www.bootshaus-ramke.de

Tipp: Weniger Ambitionierte können im Bürgerpark kleine Ruderboote mieten, vor sich hinschippern und die romantischen Wasserwege erkunden.
www.buergerpark.de

--> Überblick
--> Freizeitaktivitäten

Auf der Website des **Landes-Kanu-Verbands Bremen** kannst du dich zusätzlich über verschiedene Touren, Vereine und Kurse zum Kanu fahren und Paddeln in Bremen informieren.
www.lkv-bremen.de

Bremen
endlich

//112 Es ist Sommer!

Spiel & Spaß an Land

Im Sommer ist man irgendwie aktiver, hat Lust sich zu bewegen und sich an der frischen Luft auszutoben. Und sei es manchmal auch nur, damit Bikini oder Badehose nicht mehr ganz so zwicken.

Beachvolleyball

Zum Ball hechten, ihn in letzter Sekunde erwischen und noch übers Netz bringen: Beachvolleyball ist im Sommer eine beliebte Sportart, um sich mal ordentlich zu verausgaben. In Bremen kann man das zum Beispiel am **Café Sand** tun oder an etlichen **Baggerseen** sowie in vielen **Freibädern**.

s. „Baden", S. 104-109

Außerdem steht im Zentralbereich der **Neustadtswallanlagen** zwischen Friedrich-Ebert-Straße und Langemarckstraße ein Feld für Volleyball-Lustige zur Verfügung. Auch an der **Uni** gibt es Gratis-Plätze, die von Studenten über den AStA angemietet werden können. Infos über www.asta.uni-bremen.de

--> Service --> Sportangebote

Kicken

Zum Kicken braucht es eigentlich nicht mehr als eine Handvoll Freunde und einen Ball. Wer also ohne Tor, Linien und die exakte Anzahl an Mitspielern auskommt, der findet in Bremen ausreichend Grün zum Bolzen. Unter anderem auf den Rasenflächen der diversen Baggerseen, im großen Bremer Bürgerpark oder in den Wallanlagen in der Neustadt oder in der City. Wer es etwas genauer nimmt, wird hier fündig:

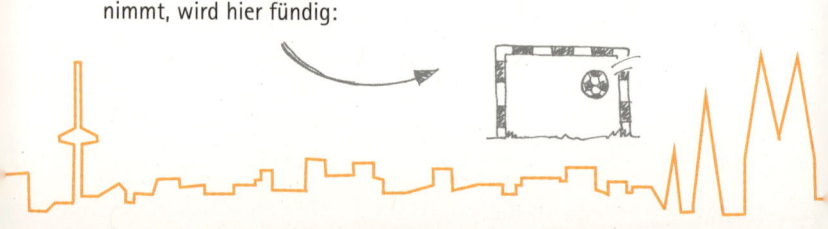

Schwimmen Wandern
Klettergarten Badesee

An der **Uni** können Fußballplätze, die nicht für den Hochschulsport benötigt werden, gemietet werden. Für Studenten geht das über den AStA sogar kostenlos. Infos erhältst du über den Kontakt auf: www.hospo.uni-bremen.de

In der **Nähe des Weserstadions**, zwischen Osterdeich und Franz-Böhmert-Straße, gibt es gleich zwei Plätze, die kostenlos genutzt werden können, sozusagen in allerbester Nachbarschaft. Denn wenn nebenan die Profis trainieren, läuft man selbst doch auch zur Höchstform auf.

Zusätzlich zu Grün und Rasenflächen haben die **Neustadtswallanlagen** (Zentralbereich Richtung Friedrich-Ebert-Str.) auch einen staubigen, umgitterten Bolzplatz parat. Vormittags in den Pausen „gehört" der allerdings den Schulkindern der Wilhelm-Kaisen-Schule.

Neben richtigen Fußballvereinen gibt es in Bremen auch Hobby-Fußballteams, die sich in der **Wilden Liga Bremen** zusammengefunden haben. Perfekt für alle, die keinen Wert auf allzu zünftiges Vereinsleben legen und dennoch in einer echten Liga spielen wollen.
www.wildeligabremen.com

Klettern

In mehreren Metern Höhe herumkraxeln – das lässt uns manchmal eine völlig neue Sicht auf die Dinge gewinnen. Aber natürlich macht's auch einfach nur Spaß. Übrigens: Trotz fehlender Berge gibt es in Bremen einen Alpenverein mit 3.500 Mitgliedern!

Der **Bunker** (Mählandsweg) kann von April bis Oktober beklettert werden. Die Außenanlage mit unterschiedlichen Schwierigkeitsgraden ist 18 m hoch und sowohl für Anfänger als auch erfahrene Kletterer geeignet. Für Einsteiger bieten sich die Kurse und die betreuten Zeiten an. In einem Boulder-Bereich kann zudem seilfrei geklettert werden. In der Wintersaison steht der Bunker nur den Mitgliedern zu Verfügung. www.der-bunker.net

Im **Kletterpark Nord Thülsfelde** (Am Stau, 26169 Thülsfelde, ca. 80 km von Bremen entfernt) geht's nach einer ausführlichen Einweisung auf Brücken, Bohlen und Seilen von Baum zu Baum. Ein paar Zahlen gefällig? Neun verschiedene Parcours mit insgesamt 110 Kletterelementen in bis zu 15 m Höhe auf insgesamt 30.000 m². Die Anreise dauert mit dem Auto ca. eine Stunde.
www.kletterpark-nord.de

Das **Kletterzentrum Buchholz** (Holzweg 6, 21244 Buchholz, ca. 100 km von Bremen entfernt) liegt genau in entgegengesetzter Richtung: nordöstlich von Bremen in der Nordheide. Hier werden neben den Tageskarten auch Schnupper-, Anfänger- und Fortgeschrittenenkurse angeboten. Totale Greenhorns müssen allerdings in jedem Fall erst einen Kurs besuchen, ehe sie an der Kletterwand hochkraxeln dürfen.
www.klettern-buchholz.de

Minigolf

Wie wäre es mal wieder mit 'ner Runde Minigolf? Geschicklichkeit testen und die kleinen Bällchen mit so wenigen Schlägen wie möglich ins Loch bugsieren. Warum das so ein Klassiker ist? Vielleicht

liegt es daran, dass man nebenbei locker zwei, drei Eis schlecken kann. Auf geht's!

Zum Beispiel im größten privat finanzierten Park Deutschlands – im **Bürgerpark** Bremen. Das Minigolf-Match lässt sich prima mit einem Spaziergang durch die gepflegte Parkanlage, einem Besuch im Tiergehege oder einem Tässchen Kaffee im emma am see verbinden. Bei regnerischem Wetter oder Temperaturen unter 12 Grad ist die Anlage jedoch geschlossen. Logisch.
www.minigolf-buergerpark.de

Tipp: Bei schlechtem Wetter oder auch im Winter ist der SchwarzLichtHof (Cuxhavener Str. 7) eine gute Alternative zum Outdoor-Minigolf. Gespielt wird in historischem Hafenambiente und, du ahnst es, unter Schwarzlicht. Echt abgefahren! www.schwarzlichthof.de

Noch ein Stück weiter nördlich befindet sich die nächste Minigolf-Anlage: Im **Restaurant Zum Platzhirsch** (Kuhgrabenweg 30). Hübsch bepflanzt, mit Café und Sommergarten lässt es sich hier wunderbar spielen. Anschließend kannst du dich im Restaurant mit bayerischen (!) Spezialitäten stärken.
www.restaurant-zum-platzhirsch.de

Der Verein **Bahnen-Golf-Club** (August-Bebel-Allee 5c) in der Vahr öffnet seine Anlage auch für das breite Publikum. Es sei denn, es findet ein Turnier oder das montägliche Vereinstraining statt. Die Termine können auf der Website eingesehen werden. Der Platz ist schön gestaltet und der angegliederte Kiosk bietet Eis und alkoholfreie Erfrischungsgetränke. www.bgc-bremen.de

Auch der **Miniatur-Golf-Verein Bremen e.V.** (Hastedter Osterdeich 225) öffnet seine Tore für Nicht-Mitglieder. Nur der Montag ist für Mitglieder reserviert. Nach Absprache können die Bahnen auch außerhalb der Öffnungszeiten genutzt werden.
http://mgv-bremen.chapso.de

//116 Es ist Sommer! Sonne **Grillen** Baden
Eis
Kicken

Inlineskaten

Inlineskaten ist eigentlich der ideale Ausdauersport: nicht so anstrengend wie Joggen und nicht so nass wie Schwimmen. Also, Rollen untergeschnallt und entweder in Begleitung (macht natürlich noch mehr Spaß) oder alleine losgeskatet.

In Bremen findet zwischen Mai und September an jedem ersten Dienstag im Monat die **Skate Night** statt. Start und Ziel ist das HANSA-Carré in Hastedt. Vor, während und nach der Veranstaltung gibt es musikalische Unterhaltung. Und das Beste: Die Teilnahme ist kostenfrei. www.happyskater.de

Ein ganz besonderes Event ist die **Weser-Inline-Tour** von Bremerhaven nach Bremen. Europas größte Party- und Funsport-Tour auf Inlineskates findet jedes Jahr im Spätsommer statt. Die Strecke ist über 100 Kilometer lang! www.happyskater.de --> Weser-Inline-Tour

Tolle Strecken (ganz unorganisiert) gibt es außerdem an der **Uni Richtung Dammsiel** (quer durch das Blockland), um den **Werdersee** herum oder im Bremer Süden an den **Deichen der Ochtum**.

Frisbee

Frisbee – das kennen wir doch schon seit unserer Kindheit. Hin und her mit der Flugscheibe, im Garten, im Park oder am Meer. Ein bisschen organisierter geht es beim Mannschaftssport Ultimate Frisbee zu, der Elemente aus dem American Football enthält. Wer Lust drauf hat, kann sich bei **Deine Mudder Bremen** anmelden, gemeinsam trainieren und an Turnieren teilnehmen.
www.deinemudder.org --> Training

Disc Golf funktioniert ähnlich wie Golf – nur eben mit Frisbee: Die Scheibe muss mit so wenigen Würfen wie möglich ins Ziel befördert werden. In Bremen gibt es zwei Disc Golf Parks mit abwechslungsreichen Bahnen, die sich sehr gut ergänzen.

Im **Areal56** (im Habenhausener Industriegebiet am Krimpelsee) ist Können gefragt, denn die Bahnen sind ein wenig knifflig. Hier gilt es dorniges Gebüsch oder Gewässer zu vermeiden.

Der **Weseruferpark** (Rablinghauser Deich/Zum Lankenauer Höft) hingegen ist mit offenerem Gelände auch für Einsteiger gut geeignet. Wer dem Verein **Drehmoment e.V.** beitritt, kann kostenlos an gemeinsamen Trainings teilnehmen. Turniere gibt's ab und zu auch.
www.areal56.de --> Disc Golf Parks bzw. --> Mitgliedschaft

Mal eine ruhige Kugel schieben ...

... typisch bremisch. Boule auf dem **Place de la Pétanque** vor dem Südbad (Neustadtswall 81). Hier trifft sich die **Boule Gemeinschaft Bremen e.V.** fast täglich in den Feierabendstunden (außer es ist richtiges Schietwetter). Neulinge sind herzlich willkommen.
www.boule-gemeinschaft-bremen.de

Gleitschirmfliegen

Du möchtest den Traum vom Fliegen wahr machen? In Bremen gibt es zwei Vereine, in denen das möglich ist: der **DFC Weser e.V. – Drachen- und Gleitschirmfliegen im Norden** sowie der **Gleitsegelclub Weser e.V. (GSC)**. Für Einsteiger bieten beide Vereine gute Kontakte zu professionellen Flugschulen. Erfahrene Flieger finden hier einen regelmäßigen Flugbetrieb, Fortbildungsmaßnahmen, Sicherheitstrainings und einen regen Austausch mit anderen Piloten. Der Flugplatz des DFC befindet sich in Holste Hellingst und liegt etwa 50 Kilometer von Bremen entfernt. Die Mitglieder des Gleitsegelclubs starten auf dem Fluggelände Lüdingen, Kirchwalsede, Rotenburg/Wümme oder auch in Holste Hellingst.
www.drachenfliegen-im-norden.de
www.gsc-weser.de

//118 Es ist Sommer

Sonne **Grillen** Baden
Eis
Kicken

Fahrradfahren

Die topographischen Gegebenheiten in Bremen, ohne Hügel oder gar Berge, laden zu eher gemütlichen Fahrradtouren ein. Gerne wird Bremen auch als Fahrradstadt bezeichnet, denn Bremer fahren nicht nur in der Freizeit und zum Spaß. Das Rad ersetzt für viele das Auto oder den öffentlichen Nahverkehr. Gut 560 Kilometer ist das Radwegenetz lang und der prozentuale Anteil der Radfahrer am so genannten Binnenverkehr soll in Bremen höher liegen als in jeder anderen deutschen Großstadt.

Wer Lust auf Natur hat, fährt zum Beispiel an der Weser entlang in den Bremer Norden oder nimmt einen der zahlreichen Radwege durch das platte Bremer Umland. Auch das berühmte Künstlerdorf Worpswede ist beispielsweise mit dem Rad zu erreichen.

s. auch „Ausflüge um die Ecke" im Kapitel „Sonntage", S. 165

Ausführliche Infos, Streckenpläne und eine Checkliste fürs Gepäck (wer länger verreisen will) gibt's beim **Landesverband des ADFC**.
www.adfc-bremen.de

Sommer kulinarisch

Grillen

Grundsätzlich gilt: Wenn kein Verbotsschild etwas Gegenteiliges vorschreibt, ist Grillen erstmal erlaubt. Wichtig ist aber: keinen Müll hinterlassen, anständige Grills verwenden und die Grasnarbe

nicht beschädigen. Sonst war es das bald mit der Freiheit. In Natur- und Landschaftsschutzgebieten ist das Grillen übrigens grundsätzlich untersagt. Auch ohne extra Verbotsschild.

Am **Werdersee** darf an den drei ausgewiesenen Stellen und auf der „Grillwiese" hinter dem DLRG-Haus gegrillt werden. Auch am **Waller Feldmarksee** sowie am **Stadtwaldsee** gibt es öffentliche Grillplätze für zünftige Barbecues.

Beliebt sind außerdem die **Wallanlagen in der Neustadt** und der **Osterdeich**. Beides stark frequentierte Orte, die sich nach weit verbreiteter Meinung gut für einen faulen Nachmittag oder Abend mit Decke, Grill und Freunden eignen.

Picknicken

Wer keinen Garten oder Balkon hat oder eben einfach gerne mit Freunden draußen schnabuliert, findet hier die besten Plätze für ein Picknick (siehe natürlich auch oben unter „Grillen").

Im **Bürgerpark** kann man sich praktisch überall niederlassen und gemütlich picknicken. Diverse Bänke für alle, die sich nicht ins Gras setzen wollen, gibt's auch. Achtung: Einige Wiesen sind „Naturwiesen" und dürfen nicht betreten werden. Manche Spiel- und Liegewiesen sind gut besucht, aber wer Ruhe sucht, findet im weitläufigen Park garantiert auch ein Plätzchen.

Die **Schlachte-Treppen** direkt an der Fußgängerbrücke, die von der Schlachte in die Neustadt führt, werden bei gutem Wetter regelrecht belagert. Hier trifft man sich, um gemütlich 'ne Buddel Bier oder mitgebrachten Wein zu trinken, also

eher zum flüssigen Picknick. Manchmal gesellt sich auch ein Musiker dazu und unterhält die ganze Meute. Schöner Ort, um gemütlich beisammen zu sein und die vergleichsweise hohen Preise in der Schlachte-Gastronomie zu umgehen.

> Tipp: Sommer in Lesmona in Knoops Park! Bei diesem Freiluft-Fest wird stilvoll mit reichhaltig gepacktem Picknickkorb zu klassischen Konzerten geschlemmt.
> www.lesmona.de
>
> s. auch „feste Feste", S. 214

Beach-Clubs

Bremen ist ja vom „echten" Beach-Club mit Strand und Meer nur ungefähr 100 Kilometer entfernt, aber nur um einen Cocktail im Liegestuhl zu genießen, ist die Fahrt dann leider doch zu lang. Zum Glück gibt's also auch in der Stadt einige sandige Lounge-Möglichkeiten.

Am schönsten ist der Beach-Club **White Pearl** (Werderstr. 58-60) an der Weser. Aufgeschütteter Sand, Palmen, Liegestühle und Hängematten sorgen dafür, dass es sich fast so anfühlt, als sei man in der Karibik. Die Umgebung ist ruhig und idyllisch.
www.white-pearl-beach.de

Schwimmen   Wandern   //121
Klettergarten   Badesee

Auch der **Beach Club by Alex** (AG-Weser-Str. 3/Waterfront) kann sich wirklich sehen lassen: viel Sand, Lounge-Möbel aus rustikalem Holz und gemütliche Betten – da kommt Südsee-Feeling auf. Mit Blick auf die Weser und große Containerschiffe.
www.dein-alex.de/dein-alex-bremen-waterfront

Das **Café Sand** wurde ja schon ein paar Mal erwähnt (z.B. für Beachvolleyball und Baden), daher hier nur noch mal ganz kurz: auch für abends, sonn- und feiertags ein sehr schönes Fleckchen zum Abhängen. www.cafe-sand.de

Selbst-Anzeige

Auch in anderen Städten ist der Sommer schön!

Für deine Freunde in Köln, Freiburg, Mainz, Münster, Heidelberg, Kassel, Leipzig, Bonn, Kiel, Hannover ...

Im Buchhandel oder unter
www.rap-verlag.de

Bremen
endlich

Bremen
endlich   endlich

Schnee
Schnee Schnee
Schnee Schnee
Schnee
Schnee
Schnee
Schnee
Schnee
Schnee
Schnee

Frostige Zeiten

Winter!
Winter!
Winter!

//124 Frostige Zeiten

Mit dem Winter ist es ja so eine Sache: Wenn die Sonne scheint und der Schnee pudrig fällt, dann sind wir gerne draußen und genießen Väterchen Frost. Wir gehen spazieren und mit ein bisschen Glück können auch wir Bremer Schlitten fahren oder unsere Schlittschuhe rausholen – zum Skifahren langt's hier jedoch leider tatsächlich selten bis nie.

Die andere Seite des Winters: Oller Schneeregen und nasse Kälte. Das gibt es leider ziemlich häufig in Bremen und macht den Winter als Jahreszeit eher weniger beliebt.

Und wie überall stellt sich also auch in Bremen die Frage: Was tun, wenn's eklig kalt ist? Zunächst einmal steht eine grundsätzliche Entscheidung an: im Warmen verkriechen oder draußen dem Winter trotzen?

Drinnen

 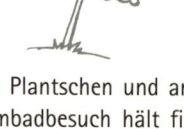

Hallenbäder & Wellness

Ob richtig Schwimmen oder nur ein bisschen Plantschen und an den Massagedüsen rumflälzen – ein Schwimmbadbesuch hält fit und gesund. Und danach, das kennen wir noch aus der Kindheit, ist man müde, hungrig und glücklich. Also, worauf wartest du noch?

Das **Südbad** (Neustadtswall 81) hat verschiedene Optionen parat, um zu relaxen oder sich beim Aqua-Sport auszupowern. Neben Fitness wie Aqua-Zumba gibt es ein umfangreiches Sauna-Angebot, eine Dachterrasse und eine Riesenrutsche. Wellness-i-Tüpfelchen ist das Rasulbad, ein antikes Schönheitsritual mit Peeling, Kräuterdampf und Regendusche.

Im **Sportbad Uni** (Badgassteiner Str.) geht es in erster Linie um das reine Schwimmen, also als Sport. Hier is nix mit Plantschen. Ein

Becken mit 50 m Länge und ein Fünf-Meter-Sprungturm stehen hier für Bremens Wasserratten zur Verfügung. Als Belohnung wartet immerhin die Trockensauna, die die Muskeln nach dem Training entspannt und wieder fit macht fürs nächste Mal.

Das **Freizeitbad Vegesack** (Fährgrund 16-18) ist auch für Stadtbremer ein Grund, mal nach Bremen Nord zu fahren. Zwei lange Rutschen, eine für Romantiker mit Sternenhimmel und eine mit richtig Speed, sowie ein Spaßbereich mit Strömungskanal sind die Glanzstücke für Abenteurer. Die Gemütlichen werden wohl eher das Solebad, die Grotte und die Wassermassagebank vorziehen. Eine große Sauna-Anlage, sogar auf zwei Etagen, gibt's natürlich auch.

Auch das **Westbad** (Waller Heerstr. 293) verspricht Schwimmspaß und Erholung. Hier warten ein kuschelig warmes Solebad, ein Plantschbecken und ein Schwimmer- und Lehrschwimmbecken. Die riesige Saunalandschaft lässt die Herzen aller Schwitzfans höher schlagen und im Salionarium mit Meeresklima können chronische Schnupfnasen (und nicht nur die) ihre Abwehrkräfte stärken.

Das **OTeBad** (Koblenzer Str. 3) gibt sich sportlich und familiär: ein Schwimmerbecken, ein Warmwasserbecken für Kurse, wie Aqua-Cycling, und für die Kleinen gibt's ein Baby- und Kleinkindspielbecken. Funktional, aber schön.

Das **Hallenbad Huchting** (Delfter Str. 22-24) steht ganz unter dem Motto „klein, aber fein" und begeistert so vor allem mit persönlicher Atmosphäre. Mit einem Schwimmbecken in 25 m Länge, verschiedenen Aqua-Fit-Kursen, Saunen und Fitness an Land kann das kleine Bad mit den Großen aber locker mithalten.

Das **Schlossparkbad** (Schlossparkstr. 53) ist ein elegantes Kombibad mit Innen- und Außenbereich. Für Sportler gibt's drinnen ein großes Schwimmerbecken, Kurse und Fitness an Land. Wird übrigens liebevoll „Schlossi" genannt.

Im **Vitalbad Vahr** (Kurt-Schumacher-Allee 5) stehen auf zwei Etagen Sport und Gesundheit an erster Stelle. Unten das Hallenbad mit vielen Aqua-Fitness-Kursen sowie einem Solebecken und oben das Trainings- und Therapiezentrum Vital-Training mit zusätzlichen Tipps und Möglichkeiten, aktiv und, getreu dem Namen, vital zu werden.

Auch im **Aquafit** (Klinikum Mitte, St.-Jürgen-Str. 1) ist der Name Programm: Das kleine Bad steht für Sport und Fitness im Wasser. Highlights sind hier Aqua-Zumba, Aqua-Bauch-Beine-Po und Aqua-Kick-Punch.

Im **Bad in der Sportwelt** (Hermann-Ritter-Str. 100) im Stadtteil Woltmershausen gibt's vor allem mal Aqua-Fitness. Sportive Langstreckenschwimmer sind in dem kleinen Bad jedoch an der falschen Adresse.

Das **Bad in der Tegeler Plate** (Tegeler Plate 23) ist der Ruhepol unter den Bremer Bädern. Die Schwerpunkte sind ein therapeutisches Kursangebot und Rehabilitation – ohne Hektik und Lärm.

Mehr Infos zu allen Bädern gibt's unter www.bremer-baeder.de

Die Bremer Bäder sind im Bereich Sauna und Wellness ja schon ziemlich gut aufgestellt. Wer nun aber ganz und gar auf die sportliche Komponente verzichten möchte und die reine Erholung sucht, der sollte bei einer der folgenden Adressen vorbei schauen.

Die **Oase im Weserpark** (Hans-Bredow-Str. 17) klingt ja alleine vom Namen her recht vielversprechend. Unter einer riesigen Glaskuppel finden gestresste Seelen eine vielfältige Sauna- und Wellness-Welt

mit Aufgüssen, Massagen und Behandlungen. Wer hier nicht tiefenentspannt nach Hause fährt, der hat was falsch gemacht. Für alle, die es dann doch nicht lassen können: Ein Fitness-Bereich ist auch vorhanden. www.oase-weserpark.de

Im **Badehaus Bremen** (Bahnhofstr. 12) kann man sozusagen in 80 Wellness-Anwendungen um die Welt reisen. Also, die Zahl ist ein bisschen übertrieben, aber die Weltreise stimmt. Von Hawaii bis Indien und vom Orient bis nach Europa. Innovative Anwendungen wechseln sich mit uralter Tradition ab, pures Nichtstun wird durch Sport-Training ergänzt, allein oder ganz für sich: Hinterher fühlt man sich in jedem Fall wie neu geboren. www.badehaus-bremen.de

Die **Sauna im Viertel** (Außer der Schleifmühle 76) ist eine kleine Ruheoase für Sauna-Liebhaber. Sanfte Musik und wohltuende Aufgüsse lassen dich in relaxter Stimmung ins Schwitzen kommen. Ein liebevoll angelegter Entspannungsgarten kühlt anschließend wieder ab. Fürs Rundum-Chillout-Feeling sorgen außerdem ayurvedische Massagen und Meditationskurse. www.diesaunaimviertel.de

Sport im Trockenen

Auch im Winter braucht der Mensch Bewegung. Zumindest ab und zu. Doch was tun, wenn es eisig kalte Bindfäden regnet und die übliche Joggingstrecke eine einzige matschig-rutschige Schlitterbahn ist? Jetzt einfach faul auf die Couch legen gilt nicht, denn in Bremen gibt's zahlreiche Indoor-Sportmöglichkeiten. Fangen wir mal mit den entspannteren an:

//128 Frostige Zeiten

Schnee kalt
Eiskratzen **Sauna**
brrr

Kegeln & Bowling

Gesellig beisammen sein, vielleicht ein Bierchen trinken und 'ne ruhige Kugel schieben – das ist dein Ding? Dann hier ein paar Adressen für Kneipensport vom Feinsten.

The American Way: **Strikee's Bowling** (Plantage 5 und Hans-Bredow-Str. 9) ist Bowlingbahn und riesige Sportsbar in einem. Besondere Events sind das Moonlight-Bowling mit Schwarzlicht und das Frühstücks-Bowling am Wochenende. www.strikees.de

Das **Soundbowl** (Rembertiring 79) liegt sehr zentral unweit des Hauptbahnhofs. Mit Blick auf Bremens Dächer spielt man hier auf 24 modernen Bahnen. Und Fortgeschrittene, Hobby- und Mannschaftsspieler können donnerstags und freitags sogar am Training mit einem Nationalspieler aus Österreich teilnehmen.
www.soundbowl.de

Das **Kegelcenter Bremen** (Duckwitzstr. 71) ist die Sportstätte des Bremer Kegler-Vereins und trotz seiner Größe mit 32 Bahnen anheimelnd und familiär. Zum Kegeln dazu gibt es – wie es sich gehört – gutbürgerliches Essen zu moderaten Preisen. Unbedingt vorher reservieren! www.gastronomie-kegelcenter-bremen.de

Auch das **TABAK** (Buntentorsteinweg 309) in der Bremer Neustadt ist ziemlich gemütlich. Kegeln kannst du auf drei Doppelbahnen und auch anderen schweißtreibende Sportarten wie Billard (12 Tische) oder Dart (4 E-Dart-Geräte) kannst du hier nachgehen.
www.kegeln-bremen.de

Billard & Kickern

Die **Billard Galerie** (Thedinghauser Str. 36) ist die Heimspielstätte für die Profis von Bremen 1860 Billard. Aber auch Nicht-Vereins-Spieler sind natürlich herzlich willkommen. Auch Fußballspiele

werden hier übertragen und das Grün der Wände unterstreicht nochmal, wofür das Herz schlägt. www.billard-galerie.de

In der **Lounge Warm up** (Kattenturmer Heerstr. 28) kannst du in gemütlicher Atmosphäre nach Herzenslust kickern, darten oder Billard spielen. Oder eben auch einfach Sport im Kollektiv gucken. Jeden Sonntag findet ein Billard-Turnier statt, an dem du auch ohne vorherige Anmeldung teilnehmen kannst. www.loungewarmup.de

Das **Mono** (Langemarckstr. 207) in der Neustadt ist ein beliebter Treffpunkt für Raucher und Kickerfreunde. Die gemütliche Kneipe ist schon ein wenig angefeiert, aber genau das macht ihren Charme aus. Für alle, die nicht kickern wollen, liegen übrigens auch Brettspiele aus. www.mono-bremen.de

Tennis, Squash, Badminton

Wem all das nun ein bisschen zu seicht und zu wenig sportlich ist, der hat natürlich auch die Möglichkeit, sich so richtig auszupowern. Beim Racketsport z.B. sind Ausdauer und Muskeln gefragt.

In insgesamt sechs Clubs in Bremen hält ULC Fitness so ziemlich alles bereit, was das Wellness- und Sport-Herz begehrt. In der **Sportwelt** (Hermann-Ritter-Str. 100) und im **Sportsdome** (Klemperhagen 14) kannst du mit Squash und Badminton spielerisch Ausdauer und Reaktion trainieren. Auch für Nicht-Mitglieder mit Tageskarten buchbar. www.ulc-bremen.de

Das **Dassbeck Sportcenter** bietet an seinem Standort in Bremen-Huchting (Zum Huchtinger Bahnhof 27) zusätzlich zu Badminton und Squash auch Tennis an. Die Preise sind moderat und für Sparfüchse gibt's in den Abendstunden am Wochenende sogar eine Happy Hour. Außerdem gelten für Schüler und Studenten ermäßigte Preise. www.dassbeck-centersports.de

Natürlich hast du außerdem die Möglichkeit, dich in einem der Tennisvereine und -clubs auszutoben. Das Sportamt Bremen stellt auf seiner Homepage alle wichtigen Infos und Kontaktadressen dafür bereit. www.sportamt.bremen.de

--> Sport in Bremen
--> Sportvereine

Hallenfußball

Wer auch in der nasskalten Jahreszeit auf Bolzen, Kicken oder ein bisschen Fußi aus ist, dabei aber gerne auf matschigen Boden oder ein nassgeregnetes Trikot verzichten möchte, der ist in einer dieser beiden Anlagen gut aufgehoben:

Die **Intoor Fußballwelt** (Hermann-Ritter-Str. 100) bietet auf fünf Plätzen Fußballspaß für Hobby-Kicker. In der zugehörigen Sportsbar werden zudem alle Fußballspiele der Bundesliga und der Champions-League übertragen – sozusagen für den Sport nach dem Sport. Tipp: Wer spontan ist, kann sich über Facebook auch über kurzfristig frei gewordene Plätze informieren. www.intoor.de

Ob Beachsoccer auf Sand, Fußi auf Kunstrasen oder auf Hallenboden, die Courts im **Werdersports** (Konsul-Smidt-Str. 18a) eignen

sich für alle Vorlieben. Insgesamt neun Plätze stehen hier für kleine und große Gruppen zur Verfügung. Im Soccercage kann man sein Talent außerdem auch Eins-gegen-Eins unter Beweis stellen.
www.werdersports.de --> Soccer

Klettern

Du willst hoch hinaus? Ohne Seil und doppelten Boden oder lieber mit? Hier zwei Vorschläge zum Bouldern und Klettern.

Die **Linie 7** (Am Güterbahnhof beim Handelsmuseum Tor 43) ist in erster Linie eine Boulderhalle, also für Klettern in Absprungshöhe ohne Seil und Gurt. Zusätzlich gibt es aber auch einen kleinen separaten Seilkletterbereich für Kurse und betreutes Klettern. Der Boulder-Bereich der Linie 7 ist sowohl für Einsteiger als auch für Profis geeignet. Es gibt eine Vielzahl an Kursen, die Griffe werden für mehr Abwechslung regelmäßig umgeschraubt und dank der netten Angestellten fühlt man sich immer gut betreut. www.linie7.com

Die Kletterwand des **Deutschen Alpenvereins Bremen** befindet sich in der Halle 4 des Sportvereins Bremen 1860 (Baumschulenweg 10). Der Verein bietet verschiedene Kurse an – von den ersten Schritten in der Senkrechten bis zu Kletterscheinprüfungen. Außerdem kann man sich den Klettergruppen anschließen, gemeinsam klettern und an Fahrten teilnehmen. www.alpenverein-bremen.de

Eislaufen

Wenn das Wetter mit zu hohen Temperaturen oder zuviel Nässe mal wieder nicht mitspielt, es zum Inline-Skaten dann aber doch entschieden zu ungemütlich ist, dann ist das **Paradice** (Waller Heerstr. 293A) die ideale Alternative zum Eislaufen draußen. Die Eissporthalle hat von September bis Ende März geöffnet und kann außerdem auch für private, kleine Feiern oder größere Events gemietet werden. Lieber nur gucken? Hier ist außerdem das Heimstadion der Eishockey-Mannschaft Weserstars. www.eissporthalle-bremen.de

Und sonst so?

Rhönrad, Ballett, Parcours oder ganz klassisch Handball und Aerobic? Was auch immer: Weitere Möglichkeiten, dich in- und outdoor auszutoben, findest du an der Uni – am Hochschulsport dürfen auch Nicht-Studenten teilnehmen –, an der Volkshochschule Bremen und in etlichen Sportvereinen im Stadtgebiet und umzu.
www.hospo.uni-bremen.de   www.vhs-bremen.de
www.sportamt.bremen.de --> Sport in Bremen --> Sportvereine

Draußen

Skifahren

In Bremen liegt im Durchschnitt an weniger als fünf Tagen im Jahr Schnee. Mehr muss man zu den Ski- und Snowboardmöglichkeiten eigentlich nicht sagen, oder? Erstaunlicherweise zählt aber der Bremer Ski-Club zu den größten Ski-Clubs in Deutschland. Neben einem vielfältigen Indoor-Programm rund um Skigymnastik und Ausdauer werden im Winter regelmäßig Wochenendfahrten und Tagesreisen in den Harz angeboten.
www.bremer-ski-club.de

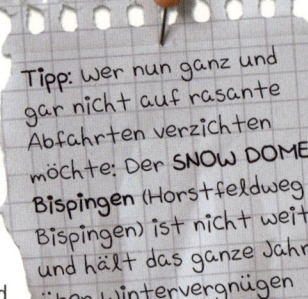

Tipp: Wer nun ganz und gar nicht auf rasante Abfahrten verzichten möchte: Der SNOW DOME Bispingen (Horstfeldweg 9 Bispingen) ist nicht weit und hält das ganze Jahr über Wintervergnügen bereit.
www.snow-dome.de

Wer spontan ist und sich bei guten Schneeverhältnissen gleich auf die Socken macht, der kann auch in der Lüneburger Heide seiner Langlauf-Liebe frönen. Im **Naturpark Südheide** steht eine ca. 6 km lange Skiloipe zur Verfügung, die bei günstiger Witterung täglich

Schlitten Ski Schnee
Schneemann Skifahren

frisch gespurt wird. An den Wochenenden gibt's fürs Rundum-Winter-Feeling außerdem Glühwein, und Après-Ski. Gute 1,5 Stunden für die Anfahrt sollte man in etwa einplanen. www.oertze-ring.de

Rodeln

--> Unsere Aktivitäten
--> Langlauf-Skiloipe im Tiefental

Sobald es die Witterung zulässt, sitzen Bremens kleine und große Kinder auf den Schlitten und nutzen jede noch so kleine Erhebung für eine mehr oder weniger rasante Abfahrt. Die Strecken sind stets kurz und bündig. Für minutenlanges Rodelvergnügen musst du schon jemanden finden, der dich übers platte Land zieht.

Am langen **Osterdeich** lässt es sich ganz prima rodeln, hier ist genug Platz und man kommt sich nicht die Quere. Doch Vorsicht: Der Osterdeich heißt ja Deich, weil sich direkt davor die Weser oder – im besseren Fall – das Ufergestrüpp befinden. Also: rechtzeitig abbremsen!

Auch in den bewährten und beliebten **Neustadtswallanlagen** tummelt sich bei Schnee eine rodelwütige Meute. Die Strecke ist nicht ewig lang, aber mit genügend Schwung gestartet wird man trotzdem schön schnell.

Im **Bürgerpark** finden sich verschiedene Ecken und Winkel, um mal ein paar Meter irgendwo runterzurutschen. Eine davon, und wahrscheinlich die längste, ist der idyllisch gelegene Rodelberg am Judentempel.

Besonders schnell, lang und verwegen geht's in **Knoops Park** in Burglesum zu. Wer mit Kindern unterwegs ist, findet hier aber auch kleinere Hügelchen für eine Abfahrt.

Auch in den **Wallanlagen hinter der Kunsthalle** (Altmannshöhe) gibt es sowohl kurze, steile Strecken als auch gemächlichere Abfahrten.

Eislaufen

Nicht oft hat man das Vergnügen, mit Schlittschuhen auf einem zugefrorenen See seine Runden zu drehen. Manchmal ist es aber auch in Bremen so richtig knackig kalt und die Eisschicht auf den Gewässern wird immer dicker und dicker. Wenn es dann schließlich soweit ist und das Eis trägt, hast du in Bremen die Qual der Wahl.

Die **Natureisbahn an der Semkenfahrt** im Blockland ist ein Eisfeld des Bremer Eisvereins. Die Fläche ist ca. 30 ha groß und 3 km lang. Das künstlich erzeugte Gewässer ist sehr flach und friert daher ziemlich schnell zu.

Auch der nur knietiefe **Hollersee** vor dem Parkhotel friert recht schnell zu. Vor der prächtigen Hotelkulisse, die abends schick beleuchtet ist, fährt es sich hier besonders romantisch.

Im **Bürgerpark** locken in sehr kalten Wintern verzweigte Kanäle zum Schlittschuhlaufen, die kreuz und quer durch den Park führen. Ein bisschen vorsichtig sollte man allerdings schon sein, denn Gestrüpp und Äste bergen hier und da Gefahrenquellen.

Eislaufen auf dem **Werdersee** – das wird nur in den allerhärtesten Wintern was. Aber wenn, dann ist es echt ein Erlebnis. Auf dem gestauten Nebenarm der Weser kann man nämlich schier ewig weit laufen.

Der **Vegesacker Winterspaß** (Sedanplatz 5) findet jährlich von Ende November bis Anfang Januar statt und bildet Bremens größte mobile Eislaufbahn. Ein Budendorf mit Glühwein & Co. macht das Ganze zu einen echtem Adventsvergnügen.

Eine Bremer Sport-Spezialität: Kohltouren

Vielleicht wurden die Kohltouren im Norden ja erfunden, weil es keine ausreichenden Skipisten gab, wer weiß. Fakt ist: Jedes Jahr in den Wintermonaten strömen dick eingemummelte Leute mit Bollerwagen und um den Hals gehängten Schnapsgläsern quer durch Land und Stadt. Während der Tour gibt's allerhand lustige Trinkspiele, wie Teebeutel-Weitwurf oder Bierdeckel-Lauf, und manch eine Gruppe nimmt auch die Boßelkugeln mit. Hierbei gilt es, mit den Kugeln mit so wenigen Würfen wie möglich eine bestimmte Strecke zu überwinden.

Ganz gleich, ob mit oder ohne Boßeln: Am Ende warten Kohl und Pinkel, eine regionale Grützwurst, auf die hungrige Meute. Der gekürte Kohlkönig (wer hat beim Kohl am meisten zugelangt?) muss dann im nächsten Jahr die Tour organisieren.

Weihnachtsmärkte

Der klassische Weihnachtsmarkt

Bremens Weihnachtsmärkte zählen zu den schönsten in Deutschland. In der Innenstadt rund um Rathaus, Roland und Stadtmusikanten bildet der historische Marktplatz die perfekte Kulisse für Bremens größten Weihnachtsmarkt, der sich klassisch festlich präsentiert. Hier wird an über 170 Buden alles angeboten, was man von einem ordentlichen Weihnachtsmarkt erwartet: Schnitzkunst, Kerzen, Lichterketten und natürlich ganz, ganz viel zu essen.

Das Schlemmer-Angebot auf Weihnachtsmärkten, oder despektierlich auch Fressbuden genannt, ähnelt sich zwar von Stadt zu Stadt, der Bremer Weihnachtsmarkt jedoch hat eine ganze Reihe regionaler Besonderheiten zu bieten:

//136 Frostige Zeiten

Typisch bremisch sind zum Beispiel Kohl, Knipp, Klaben und Kluten. Und diese Spezialitäten ergattert man natürlich auch auf dem hiesigen Weihnachtsmarkt.

Mit **Kohl** ist der bremische Braunkohl gemeint, der mit Kasseler oder Pinkel (einer geräucherten Grützwurst) serviert wird.

Knipp, gebraten oder erwärmt, ist ebenfalls eine Grützwurst, bestehend aus Getreide, Fleisch und Gewürzen. Klingt erstmal ein bisschen komisch, sollte man aber unbedingt probieren, ehe man urteilt.

Der **Bremer Klaben** ist ein stollenähnliches Gebäck aus Hefeteig mit vielen Rosinen, Mandeln und Rum. Sehr reichhaltig und nix für Leute auf Diät. Aber die ist zur Weihnachtszeit ja sowieso eine ganz schlechte Idee.

Bremer Kluten sind kleine viereckige Bonschen (Bonbons) aus Pfefferminz-Fondant, die zur Hälfte mit Schokolade überzogen werden.

Sehr lecker sind übrigens auch das **Bremer Kaffeebrot**, eine Art Zwieback mit Zimt-Zucker und der **Babbeler**, eine Pfefferminz-Lutschstange.

Außerhalb der Weihnachtsmärkte gibt es die süßen Leckeren hier:

Konditorei Knigge
(Sögestr. 42-44 und Gevekothstr. 14)
www.knigge-shop.de

Konditorei Café im Schnoor
(Marterburg 32)
www.schnoorkonditorei.de

Bäckerei W. Schnaare (Am Landherrnamt 7 und Woltmershauser Heerstr. 398-400)
www.baeckerei-schnaare.de

Aber natürlich wird auf dem Weihnachtsmarkt nicht nur gegessen, sondern auch, und vor allem, getrunken! Ein absoluter Verkaufsschlager ist die **Feuerzangenbowle** vor dem Schütting (Am Markt 13). Wahrscheinlich aus zwei Gründen: super Eck-Standort und einfach lecker. Allerdings ist sie hier auch ein wenig teurer als an den anderen Buden, die nicht ganz so belagert werden.
www.bremer-weihnachtsmarkt.de

Der Schlachte-Zauber

Als Alternative zum klassischen Weihnachtsmarkt gibt es noch den Schlachte-Zauber, direkt an der Weserpromenade. Hier geht es vor allem winterlich-maritim und mittelalterlich zu. Es warten die unterschiedlichsten kulinarischen Köstlichkeiten, allerlei traditionelles Handwerk, Spielmannsleute und Gaukler und ganz viel **Fruchtwein** und **Met**.

Schon von weitem erkennt man, dass hier etwas los ist, denn die blauen Lampions in den Bäumen funkeln mit den Lichtreflexen auf der Weser um die Wette. Einfach „wunnerschoen", wie man hier sagt. www.schlachte-zauber.de

Musik Musik

Mus
abhorsten

DJane
abhorsten
abhorsten

Feiern

Feiern
Feiern

Musik DJane Club Flirt-Faktor abhorsten

Wenn langsam die Sonne am Bremer Himmel untergeht, ist es höchste Zeit, sich ins Partygetümmel zu schmeißen. Hörst du dann noch fröhliches Lachen und Zugeproste in Bremens Straßenbahnen und Bussen, kannst du dir sicher sein: Schon auf dem Weg zur Party steigt in Bremen die Stimmung. Von wegen unterkühlte und „nüchterne" Norddeutsche – das kannst du garantiert nach der ersten Party-Nacht in Bremen von deiner Mythos-Liste streichen. Jetzt heißt es: fette Beats und heißen Sound genießen, denn Bremens Bars, Clubs und Diskotheken bieten für jeden Geschmack etwas. Ob House, Charts, Electro oder alternative Mucke – such es dir aus. Also, angeschnallt und ab ins Partykarussell.

Clubs, Plattenteller & Co.

Die Bremer **Discomeile** am Rembertiring nahe des Hauptbahnhofes ist berühmt-berüchtigt und doch irgendwie Kult. Von Prügelei bis Schießerei – hier hat schon alles stattgefunden. Aber keine Angst, inzwischen gibt's ein Waffenverbot und viel Polizei, also unsicher musst du dich hier wirklich nicht mehr fühlen. Außerdem feiern die meisten Bremer so oder so friedlich und fröhlich, wenn die Beats die Stille der Nacht durchbrechen. Doch nicht nur die Discomeile hat eine ganze Menge Clubs für dich im Gepäck.

Damit das Geld nicht schon ausgeht, bevor die Party-Nacht richtig begonnen hat, verschieb doch einfach den ein oder anderen Drink oder das Vorglühen in eine der **Ein-Euro-Bars** auf der Discomeile. Eine atemberaubende Atmosphäre solltest du zwar nicht erwarten, dafür gibt's aber Drinks für nur einen einzigen Euro.

ADIAMO – GOP Dance Club (Am Weser-Terminal 4): Hast du dir eine Vorstellung im GOP Varieté-Theater angeschaut und kannst danach nicht mehr stillsitzen? Kein Problem, direkt neben dem

Theater gibt es einen exklusiven Club, in dem du jeden Freitag und Samstag bereits ab 20.00 Uhr an vier verschiedenen Bars einen Cocktail schlürfen kannst. Auf der Tanzfläche erwarten dich Dance, House und R'n'B. Und zur Krönung gibt es eine chillige Terrasse mit Blick über die Weser. Achtung: Ab und zu lässt sich im Adiamo sogar der ein oder andere Promi sichten! www.adiamo-bremen.de

Aladin und Tivoli (Hannoversche Str. 11): Zwei Clubs nebeneinander und manchmal doch nur einer – möglich machen's die mobilen Trennwände zwischen Aladin und Tivoli. Zur „Hüttengaudi" werden die weggeschoben und es wird zünftig g'feiert und g'soffa wie bei den Bayern. Als besonderes Special veranstalten die beiden Diskotheken auch regelmäßig Bremens größte Ü30-Party, die mit 4 Areas (Pop & Charts, Latin & Black, Funk & Soul, Rock & Indie) der Menge ordentlich einheizt und den Flirtfaktor noch einmal auf Teenie-Zeiten hochschraubt. Gehen die beiden Clubs getrennt an den Start, gibt's jeden Freitag und Samstag wechselnde Partys.
www.aladin-bremen.de

Auszeit – Rock'n'Roll Couchclub (Kleine Annenstr. 21): Wer auf Rock'n'Roll, Punkrock und entspanntes Publikum steht, ist im kleinen Rock'n'Roll Couchclub genau richtig. Täglich von Dienstag bis Donnerstag kannst du in der ehemaligen Rotlichtbar in der Neustadt je nach Laune von 20.00 bis 2.00 Uhr auf den Sofas chillen oder lieber zur Musik tanzen – freitags und samstags laut eigener Aussage sogar „bis die Zeitung kommt". Faire Preise für Bier (immer um die zwei Euro) und andere Getränke sind für Rockfans noch ein Grund mehr, diesem Laden einen Besuch abzustatten.
www.auszeit-rocknroll.de

Gleis 9 (Bürgermeister-Smidt-Str. 15): Wer's bunt mag, ist in der großzügigen Lagerhalle aus den 50er Jahren direkt an Bremens ehemaligem Güterbahnhof richtig. Hier gibt's jeden Samstag und Sonntag die besten Charts-Sounds, Blackbeats oder House auf die

Ohren. Specials wie „Russian Night", „Balkan Beats", „Neon Sounds" oder die „Queer Affair" für Gays and friends sind regelmäßig am Start. Dazu hat das Gleis 9 auch immer eine prima Lichtshow zu bieten. www.gleis9-disco.de

Heartbreak Hotel (Fehrfeld 30): Nein, das Heartbreak Hotel ist kein Hotel für gewisse Stunden, auch wenn das rote Schild und die roten Vorhänge an den Fenstern dies vermuten ließen. Es handelt sich um eine kleine, aber kultige Bar, innen wie außen ziemlich rot und daher unverwechselbar. Nach der Disconacht auf einen, zwei oder drei letzte Drinks hier vorbeizuschauen oder gleich bis zum Sonnenaufgang zu bleiben lohnt sich. Gespielt werden aktuelle Indie-Musik und retrolastige Rock-Sounds. Elvis wäre stolz. Jeden Tag ab 20.00 Uhr geöffnet.

La Viva (Auf der Brake 7-21): Das La Viva hat einen echten Imagewandel hinter sich. Früher gehörte es eher zur Sorte „Teenie-Disco", inzwischen ist der Club mit moderner Einrichtung und stylisher Mustertapete eine feste Größe im Bremer Nachtleben. Auf drei Areas mit Charts, Black Beats oder House kannst du dich richtig austoben. Freitags und samstags öffnet das La Viva seine Party-Tore ab 23.00 Uhr. Für Studenten ist der Eintritt freitags frei und obendrauf gibt's zur Begrüßung einen Mojito aufs Haus. Einlass ist ab 21 Jahren – und lass die abgewetzte Jeans lieber zu Hause. www.laviva-disco.de

Lightplanke (Rembertiring 1): Wenn House, Minimal-Vibes und dazu noch Techno-Bässe die Wände zum Zittern bringen, bist du wohl in der Lightplanke gelandet. Freitags und samstags kannst du hier ab 23.00 Uhr die Tanzfläche erobern, voll wird's eher etwas später. Hast du es am Türsteher vorbeigeschafft, geht's mit einer Rolltreppe hoch in den kleinen, stylishen Club und rein ins Partyvergnügen. www.facebook.com/Lightplanke

**Lila Eule** (Bernhardstr. 10): Der kleine, urige Kellerclub bietet ein breit gefächertes Musikprogramm. Ob Hip-Hop, Rock, Dance oder Indie-Sound – die Lila Eule ist so vielfältig wie ihre Partybesucher. Hingehen lohnt sich! Freitags und samstags geht es hier ab 23.00 Uhr los, donnerstags öffnen die Türen bereits um 22.00 Uhr und die Eule begrüßt dich zur Studentennacht. Aber keine Angst, auch jeder andere, der Bock auf Party hat, ist willkommen. Damit es nicht langweilig wird, wechselt auch bei der Studinacht wöchentlich das Genre. Also check vor deinem Besuch besser, was auf dem Programm steht. www.lila-eule.de

**Magazinkeller** (Findorffstr. 51): Du kannst nicht nur im Kulturzentrum Schlachthof Kultur, Lesungen und Konzerte erleben, sondern auch im zugehörigen Magazinkeller auf Partys und Konzerten abtanzen. Der Clou: Hier können private Veranstalter im Do-it-yourself-Verfahren ihre eigene Party oder Veranstaltung planen. Das verspricht, dass es im kleinen Magazinkeller auf keinen Fall langweilig wird, denn vor allem auch Ausgefallenes abseits des Mainstreams – von Jazzrock über Funk bis Metal – hat hier seinen Platz. www.schlachthof-bremen.de

**Modernes** (Neustadtswall 28): Direkt neben der Hochschule in Bremens City hat das Modernes einige in Bremen legendäre Partyreihen zu bieten. Ein absoluter Klassiker ist zum Beispiel der „freaky friday", bei dem du mit eher rockiger Musik, 150 Litern Freibier und Um-den-Eintritt-Würfeln wirklich abgefahren in die Freitagnacht startest. Ebenfalls beliebt sind die „Tanznacht" mit eher chartslastiger Mucke oder die 90er-Party „Rhythm is a dancer". Da ist für fast jeden Geschmack was dabei, um einen coolen Partyabend zu verbringen. Echtes Highlight: Das in ganz Bremen bekannte runde Schiebedach, das der feiernden Meute immer mal wieder den Blick auf den Sternenhimmel freigibt. www.modernes.de

//144 Feiern

Club **Musik** DJane
Flirt-Faktor
abhorsten

Moments (Vor dem Steintor 65): Im Moments finden eine Reihe unterschiedlicher Partys und Konzerte statt. Ob Abiparty, Studiparty oder Mottoparty – das Programm ist so bunt wie das Partyvolk selbst. Ein fester Bestandteil für Schwule und Freunde ist die „Gay Candy" Party, die mindestens einmal im Monat steigt. Zu Charts, House und Trash wird ab 22.30 Uhr ausgelassen gefeiert. Regelmäßig steigt auch das Event „Momentos Latinos". Mit heißen Salsa-Beats und waschechten Salsa-Tanzlehrern kommt richtig lateinamerikanisches Feeling nach Bremen. www.club-moments.de

NFF (Katharinenstr. 12-14): Willst du den Bass so richtig im Bauch spüren, empfiehlt es sich, die Lage im NFF zu checken. House- und Elektromusik sorgen dafür, dass du nicht mehr stillsitzen kannst. Jeden ersten Mittwoch im Monat gibt's ab 23.00 Uhr die Studenten-Sause. Der Eintritt ist frei und bis halb eins gibt's Freibier. Sonst startet der NFF-Club jeden Freitag und Samstag ab 23.00 Uhr mit wechselnden DJs in die Partynächte und als gewisses Extra flimmert Videokunst über mehrere Bildschirme. www.nff-club.de

Privée Club (Rembertiring 7-9): Die Bremer bezeichnen den Privée Club als kleine Schwester des La Viva und das nicht ohne Grund. Es ist einer der Clubs, in denen man in moderner Atmosphäre eher schicker abtanzen und auf stylishen Ledercouches chillen kann. Jeden Donnerstag gibt's in dem kleinen Club House, Black und Musik aus den 90ern, wobei die aktuellen Charts auch nicht zu kurz kommen. Nach einem Tag Erholung öffnet der Club am Samstag um 23.00 Uhr wieder seine Pforten – für alle Mädels dann sogar ohne Eintritt. www.privee-club.de

Römer (Fehrfeld 31): „Kleiner, dreckiger Rockladen", das sagt der Römer über sich selber und das trifft's auf den Punkt. Der gemütliche Club mit rustikaler Holztheke, kleinen Kronleuchtern und lila Wänden hat sich aber nicht nur auf Standard-Rock festgefahren. Es gibt auch andere dreckige Sounds wie Metal, Wave, Gothic und Punk, oder eben mal weniger Dreckiges wie 80s-Synthie-Pop und Indie auf die Ohren. Und das nicht immer nur aus der Dose, im Römer spielen auch regelmäßig Live-Bands. Außerdem kannst du jeden Donnerstag ab 21.00 Uhr deine eigenen Sangeskünste zum Besten geben, denn dann ist Trash-Karaoke angesagt. Und ab und zu findet am letzten Samstag im Monat mit „The bitter sweet" Bremens erste alternative schwulesbische Party statt.
www.roemer-bremen.de

Shagall (Rembertiring 4): Das auffällige Eingangsportal mit fetter E-Gitarre zeigt es von außen auf den ersten Blick: Im Shagall sind vor allem jene richtig, die gitarrenlastige Musik mögen. Aber neben Rock reihen sich hier jeden Freitag und Samstag auch Pop und Dance in den bunten Mix ein. Die Diskothek gibt es gefühlt schon so lange wie Bremen selbst und besonders die „Bremer Club Nacht" ist bei den Shagall-Jüngern beliebt. Ab 22.00 Uhr können Partywütige ab 21 Jahren die Tanzfläche erobern. Junges Gemüse findest du hier also eher nicht, denn im Shagall haben die Endzwanziger das Zepter in der Hand. www.shagall.de

SOHO Club (Konsul-Smidt-Str. 8d): Im schicken und stylishen Club in der exklusiven Überseestadt kannst du jeden Samstag ab 23.00 Uhr zu House und loungigen Dance-Sounds niveauvoll feiern und Schampus schlürfen. Wenn du vorher einen Tisch für den VIP-Bereich reservierst, werden du und deine Freunde den ganzen Abend von einer VIP-Hostess umgarnt. Um an der Tür nicht abgewiesen zu werden, solltest du dich in Schale schmeißen, denn der Club zieht gehobenes Publikum an. www.soho-bremen.de

//146 Feiern

Musik · Club · Flirt-Faktor · DJane · abhorsten

STUBU Dancehouse (Rembertiring 21): Mitten auf der Discomeile wartet im STUBU an sieben Tagen in der Woche Party nonstop auf dich. Auf bis zu fünf Areas ist für jeden Musikgeschmack was dabei – ob aktuelle Charts, Rock und Partymucke im Musikkeller, beste House-Beats auf der Skyline, Hip-Hop und RnB im Coconuts, sexy Salsa in der Latino Lounge oder Deep- und Techhouse im Studio 21. Das bunt gemischte Publikum trudelt ab 22.00 Uhr ein.
www.stubu.de

Tower (Herdentorsteinweg 7a): Magst du's etwas härter? Dann ab mit dir in den Tower! Jeden Dienstag ist der legendäre Studentendienstag und da gibt's für Studis oder alle, die gern Studis wären, ab 22.00 Uhr unten das Rock-, Indie- und Ravepaket. In der oberen Etage dagegen heizen Electro und Hip-Hop ein. Wer unter der Woche Besseres zu tun hat, kann den Tower trotzdem rocken: Am Samstag und Sonntag darf die Tanzfläche wieder ab 23.00 Uhr zu Gitarrensounds erobert werden. Aber auch als Hip-Hop-Fan kommst du hier regelmäßig auf deine Kosten. Ausgesuchte Live-Konzerte setzen dem Tower die Krone auf.
www.tower-bremen.de

Woodys (Rembertiring 19): Das Woodys ist ebenfalls ein richtiges Urgestein unter den Bremer Clubs auf der Discomeile. Seit nun rund 25 Jahren wird im Woodys ein Mix aus House, Charts, Dance und Pop gespielt. Jeden Samstag und Sonntag ab 22.00 Uhr öffnet der kleine Club seine Tür und auf der einzigen Tanzfläche wird eng an eng getanzt. www.woodys-bremen.de

Uni-Partys

Du willst lieber mit den Leuten feiern, denen du täglich in deinen Vorlesungen begegnest oder mit denen du gerne mal dein Mittagessen in der Mensa verputzt? Dazu hast du in Bremen bei einer der vielen Uni-Partys die Möglichkeit.

Wenn das Wintersemester startet, geht's auch mit der **Uni Nacht XL** los. Bist du neu in Bremen und willst schnell nette Leute kennenlernen oder den ein oder anderen heißen Flirt erleben, wird's garantiert in der Uni Nacht für dich knistern. Ob in der Mensa (auf dem Uniboulevard) oder im Musicaltheater Bremen (Richtweg 7-13), die Locations und Areas wechseln, denn dadurch wird's nicht langweilig.

Im Sommer ist dann Beachparty angesagt, denn die **Uni Nacht XXL** lädt zur Open-Air-Party direkt an den Unisee (Wetterungsweg). Ein paar Cocktails am Sandstrand schlürfen und dabei im Sand chillen oder doch lieber deine Dancemoves am Strand ausprobieren – das alles kannst du in Bremen wohl nur in der Uni Nacht XXL erleben. Gespielt wird bei beiden Events Chartmusik, House, Electro und Pop.
www.facebook.com/uninacht

Über das ganze Semester verteilt finden immer wieder verschiedene **Fachschaftspartys** statt. Dort kannst du dir entweder Klischees bestätigen oder dich vom Gegenteil überzeugen lassen. Von Geologenparty über Germanistenfete, KuWi-Feierei und Public-Health-Party bis zur Nautiker-Sause – oder doch lieber internationales Flair auf einer Erasmus-Party? Fakt ist, so ziemlich jeder Studiengang hat seine eigene Party. Also, warum nicht einfach mal „fachfremdgehen"?

Dein Raum – deine Party

Fremder Schweiß, Gedränge und Gepöbel – manchmal sind die Clubs einfach bis in die letzte Ecke überfüllt. Für manche ist der Partyspaß da gleich vorbei. Auf den musst du aber trotz überquellender Clubs nicht verzichten: Schmeiß doch einfach deine eigene Party! In Bremen hast du dazu genügend Möglichkeiten.

Einige Clubs kannst du auch für deine eigene Veranstaltung buchen. Das **Moments** beispielsweise ist eine gute Location mitten im Bremer Viertel und bietet sich auch für deine kleine Fete an.

Auch den **Magazinkeller** des Kulturzentrums Schlachthof kannst du für deine eigene Party-Idee mieten. Natürlich kannst du auch die größeren Clubs wie das **Gleis 9** buchen, dann musst du aber schon viele deiner Leute am Start haben und ein bisschen mehr Geld locker machen.

Keine Lust auf die Clubs, in denen du sonst regelmäßig abtanzt? In den folgenden Eventhäusern hast du auch die Möglichkeit, deine ganz eigene Party zu starten.

Klein aber fein ist es in der **Deichschart Gastro Location** (Buntentorsteinweg 268). Mitten in der Neustadt kannst du hier deine private Party zum Event machen und es herrscht trotzdem eine familiäre Wohlfühl-Atmosphäre. www.deichschart.npage.de

Im **Avalon 21** (Kirchhuchtinger Landstr. 212) kannst du deine Gäste sogar auf zwei verschiedenen Ebenen begrüßen. Bis zu 120 Personen finden hier Platz: Ob stinknormale Party, VIP-Event oder sogar Spanferkelessen. Jetzt musst du nur noch selbst wissen, was du dir von deiner Party wünschst, denn möglich ist in dieser Location alles. www.avalon21.de

Für den nächtlichen Heißhunger

Die Nacht ist fast vorbei, es dämmert schon und du warst der Star auf der Tanzfläche? Jetzt du hast das Gefühl, dass du unbedingt wieder was auf die Rippen brauchst, nachdem du die überschüssigen Pfunde von dir geschüttelt hast? Bist du auf der **Discomeile** am Hauptbahnhof unterwegs, kannst du zwischen zahlreichen Fressbuden, Imbissständen und Dönerbuden wählen.

Zu empfehlen ist **Vabene** (Bahnhofsplatz 5-7). Hier gibt's Döner, Rollo, Pizza und sogar Gyros – immer frisch und meistens schnell. Brauchst du vom vielen Tanzen dringend eine Sitzpause, kannst du dich auch reinsetzen.

Oder doch lieber Nudeln vom Chinamann? Beim **China Express** (Bahnhofstr. 25) bekommst du eine leckere Portion Bratnudeln, die garantiert satt macht.

Wenn diese beiden Anlaufstellen für hungrige Partygänger zwischen Mitternacht und zwei Uhr morgens ihre Türen dichtmachen, bleiben dir immer noch die großen Burgerbrater-Ketten im Hauptbahnhof.

Besonders zu empfehlen ist auch der **Hotdog & Burger** (Rembertiring 17) direkt auf der Discomeile. Hier gibt's donnerstags bis samstags zwischen 23.00 und 6.00 Uhr Hot Dogs nonstop für 'nen Euro. Und das alles halal!

Du hast keine Lust auf Fast Food, sondern eher Bock auf ein süßes Frühstück? Die erste Bäckerei im Hauptbahnhof serviert dir bereits wieder ab 3.00 Uhr frische Croissants, Baguettes oder Flûtes.

Bist du im **Viertel** unterwegs, kannst du dir bei der **Hot Dog Factory** (Vor dem Steintor 12) einen Imbiss gönnen. Freitags und samstags gibt's die Wurst im Brot von 12.00 Uhr mittags bis 6.00 Uhr morgens, an den restlichen Wochentagen bis 1.00 Uhr nachts.

Alternativ kannst du bis 24.00 Uhr im **Mekong Grill** (Vor dem Steintor 25) leckere vietnamesische Gerichte zum kleinen Preis futtern. Besonders das klassische Hähnchencurry mit Kokosmilch ist super-lecker, aber auch Vegetarier finden auf der großen Speisekarte einiges. www.mekong-bremen.de

Wenn du eher Lust auf die gute alte italienische Pizza hast, kannst du bei **Torno** (Am Dobben 71) nichts falsch machen. Hier gibt's den hauchdünnen Teig in allen Variationen belegt. Und obendrauf kannst du dir auch noch eine leckere Falafel oder 'ne Pitatasche genehmigen. Mindestens bis ein Uhr nachts kannst du hier futtern, oftmals aber auch länger.

Willst du lieber original türkischen Döner bekommst du den bei **Kismet** (Ostertorsteinweg 13-15). Füll dir deinen Döner ganz individuell und dann wieder ab auf die Tanzfläche.

Der Weg nach Hause

Nach einer durchzechten Nacht willst du nur noch eines: so schnell wie möglich nach Hause und in dein Bett fallen. Vielleicht träumst du ja noch ein wenig von dem netten Flirt oder schon von der nächsten Partynacht. Bevor du dich deinen süßen Träumen hingeben kannst, wartet aber noch eine große Herausforderung auf dich: den Heimweg meistern – und das wahrscheinlich mit Restalkohol im Blut. Wenn dein weiches Bettchen nicht so weit entfernt ist, kannst du dich natürlich zu Fuß auf den Weg machen, wenn das deine Beine noch mitmachen. Wenn du's etwas weiter hast, schwingst du dich einfach auf deinen Drahtesel und radelst ganz entspannt deiner Schlafkoje entgegen.

Ist dir das zu anstrengend oder der Weg für die Füße oder das Fahrrad zu weit, kannst du dich natürlich mit den Nachtlinien der **BSAG** auf den Heimweg machen. Aber Achtung: Von Mitternacht bis 4.00 Uhr morgens musst du in Bremen einen zusätzlichen Euro für ein Nachtticket blechen. Hast du an den Nachtlinienzuschlag nicht gedacht, kann es schnell teuer werden. Und das willst du deinem Geldbeutel nach dem Clubbing nicht wirklich antun, oder?

Die Nachtlinien fahren in Bremen am Wochenende die ganze Nacht stündlich und bringen dich sicher bis fast vor deine Haustür. Der

zentrale Sammelpunkt der Nachtlinien befindet sich praktischerweise direkt am Bremer Hauptbahnhof, nur unweit der Discomeile mit den meisten Clubs. Egal, in welche Richtung du nun musst, hier fahren von 0.30 Uhr bis 4.30 Uhr jeweils im Stundentakt die Linien N1, N4, N5, N7, N9 und N10 ab; von Samstag auf Sonntag zusätzlich um 5.30 Uhr und 6.30 Uhr.

Willst du unter der Woche auf Achse gehen, ist auch das kein Problem, alle Bremer Nachtlinien fahren auch gegen drei oder vier Uhr nochmal ab. Um die genauen Zeiten deiner Wunschlinie herauszufinden, klick dich einfach bei der BSAG rein.

www.bsag.de --> Auskunft --> Linien und Fahrpläne --> Nachtlinien

Keine Lust auf volle Bahnen, Alki-Mief und selbsternannte Sangeskünstler unter Alkoholeinfluss? Dann lass dich doch bequem mit dem Taxi nach Hause bringen. Die meisten Taxen stehen direkt am Bremer Hauptbahnhof, vor den Diskotheken auf der Discomeile, auf der Weser-Brücke am Brill oder rund ums Viertel. Steht da, wo du bist, gerade mal kein Taxi, kannst du auch jederzeit eins bestellen. Beim **Taxi-Ruf Bremen** unter 14 0 14 oder bei **Taxi Roland** unter 1 44 33. Geht natürlich auch online.

www.taxi-ruf-bremen.de
www.14433.de

> **Frauentaxi**
> Alle Personen weiblichen Geschlechts können zwischen 18.00 Uhr und 6.00 Uhr außerdem auch ein spezielles, günstigeres Frauentaxi rufen! Bei Taxi-Ruf Bremen unter 1 33 34 und bei Taxi Roland unter 1 44 33.

Kirche

Kirche Kirche

aus

geschlossen

brunchen

aus

Kühlschrank leer
Kühlschrank leer
brunchen

Sonntage
Sonntage
Sonntage

Kühlschrank leer
geschlossen
brunchen
Kirche

//154 Sonntage

Kirche flanieren
brunchen
Ausflüge
geschlossen

Auch wenn die Woche noch unendlich lange sein mag, eines ist sicher: Am Ende kommt der Sonntag. Dann heißt es ausschlafen und nichts tun. Und im Anschluss mal entspannt die Möglichkeiten abwägen. Denn wenn du die richtigen Tipps im Gepäck hast, hat die Hansestadt am Sonntag einiges zu bieten, was Spaß macht und die Sorgen der anstehenden Woche weit weg erscheinen lässt.

Du möchtest den Sonntag zu Hause mit Kaffee und Brötchen beginnen? Gute Idee!

Bäckereien

Für die Langschläfer bietet die Bäckerei **Rolf** in der Vahr (In der Vahr 53) bis 17.00 Uhr und im Viertel am Dobben (Am Dobben 98) sogar bis 18.00 Uhr den Genuss feinster Backwaren. Zwiebelbrot, Holsteiner, Kanelbrötchen? Alles da! www.baeckerei-rolf.de

--> Filialen --> Übersicht

Du möchtest am Sonntagmorgen länger schlafen, in völliger Ruhe frühstücken und dir den Weg zum Bäcker sparen? Mit einer Onlinebestellung bei **Morgengold** oder bei **Rietzel bringt's** werden dir ofenfrische Brötchen, Brote, Kuchen und sogar deine Zeitung ofen- bzw. druckfrisch bis an die Haustür geliefert.
www.morgengold.de www.rietzelbringts.de

Nun hattest du möglicherweise kurz das Gefühl, dein Frühstück wäre gerettet. Aber nacktes Brot mit gar nichts drauf schmeckt nicht! Wo bekommst du jetzt den köstlichen Käse, den saftigen Schinken oder die märchenhafte Marmelade her? Dein Kühlschrank präsentiert sich dir lediglich mit abweisender Leere? Da hilft nur ...

brunchen Kirche Spaziergang
Kühlschrank leer

//155

Notfalleinkauf

Für diesen Fall gibt es in Bremen zum Glück einige Läden, die Abhilfe schaffen können und das sympathischerweise auch am besten Tag der Woche:

Du kannst zum Beispiel im Hauptbahnhof zu **Rossmann** gehen. Hier sind Lebensmittel, zum Teil sogar in Bio-Qualität, und ein großes Drogerieangebot zu finden. Wenn du magst, kannst du auch sonntagabends noch die Chips für den Tatort besorgen. Der Laden hat nämlich am Wochenende von 8.00 Uhr bis 22.00 Uhr geöffnet!
www.rossmann.de --> Filiale finden --> Bremen

Auch der **Reise-Point-Markt** im Bahnhof schließt an keinem Tag im Jahr. Hier findest du nicht nur Reiseproviant, sondern ebenfalls Lebensmittel, die den leeren Kühlschrank füllen. Und im Reise-Point-Markt kannst du sogar nach dem Tatort noch vorbeischauen, denn hier summt das Kassen-Fließband bis 2.00 Uhr nachts!

Im **Food-Corner** (Parkallee 61) bekommst du von 8.00 Uhr bis 21.00 Uhr ein breites Kiosk-Angebot wie Lebensmittel, Hygiene-Artikel und sogar Katzenfutter.

Wenn du spontan am Sonntag Gäste empfängst und die Speiseauswahl etwas exklusiver sein soll, findest du im Viertel das Feinkostgeschäft **Kulinatura** (Albrechtstr. 26): Von 8.00 Uhr bis 12.00 Uhr kannst du hier auch sonntags frisches Obst und Gemüse, Backwaren, Bioprodukte und türkische Spezialitäten kaufen.

Regelmäßig finden in der Bremer Innenstadt und den Einkaufszentren wie der Waterfront oder dem Weserpark **verkaufsoffene Sonntage** statt. Auch bei Stadtteilfesten haben viele Geschäfte sonntags geöffnet. Eine Veranstaltungsübersicht gibt es unter: www.bremen.de

Und wenn das alles nix hilft, hat die Tanke um die Ecke ja meist auch das Nötigste im Bestand.

Sonntag ist Brunchtag

Brunchen

Unabhängig davon, ob die letzte Nacht kurz oder lang war, du keine Lust auf einkaufen ha(tte)st oder ob du es dir einfach nur stressfrei gut gehen lassen willst: Sonntag ist Brunch-Tag!

Freust du dich bereits im Frühjahr auf den großen Sommerurlaub oder denkst im Herbst sehnsüchtig an besuchte Strände und das Urlaubsfeeling zurück? Im **Café Del Sol** in Huckelriede (Niedersachsendamm 1) findest du südländisches Flair direkt in der nordischen Hansestadt. Das Äußere des Café Del Sol erinnert an ein altes Kolonialhaus, das Innere lockt mit Gemütlichkeit und sonnigen Farben. Sonntag kann hier von 9.00 bis 14.00 Uhr für 13,50 Euro ein Riesen-Brunchbuffet verputzt werden. Wenn du allerdings einen ruhigen Morgen verbringen möchtest, solltest du dir eine Alternative suchen: Das Riesenbuffet ist nämlich auch riesig besucht.
www.cafedelsol.de

Im **Rotkäppchen** (Am Dobben 97) findet sich ein durchweg gemischtes Publikum. Die Bedienung scheint überwiegend aus Studierenden, auch mal in Jogginghose, zu bestehen. Doch auch Großmütter fühlen sich hier wohl. Auf jeden Fall findest du vor Ort ein ruhiges Plätzchen zum Schmausen und Plauschen. Die Einrichtung ist etwas skurril, aber durchaus gemütlich. Am Sonntag gibt es von 10.00 Uhr bis 15.30 Uhr ein großes Buffet für 12,00 Euro inklusive verschiedener Säfte. Neben den üblichen Heißgetränken bekommst du auch Sojamilch und Bio-Getreidekaffee. Ab 11.30 Uhr kommen noch süße und herzhafte Crêpes dazu.

brunchen Kirche Spaziergang
Kühlschrank leer

Wenn du es etwas exklusiver magst, wirst du vielleicht im **Theatro** (Goetheplatz 1-3) fündig. Unter dem Motto: „... aus meiner tiefsten Seele zieht mit Nasenflügelbeben ein ungeheurer Appetit nach Frühstück und nach Leben!" (J. Ringelnatz) gibt es hier jeden Sonntag und an allen Feiertagen von 10.00 Uhr bis 14.00 Uhr einen Sonntagsbrunch zum Preis von 24,50 Euro. Kein Schnäppchen, aber dafür sind Sekt, Saft und Heißgetränke mit drin.

Die heiße Schokolade z.B. gibt's als italienische Version mit Amaretto und Sahne, russische mit Rum, französische mit Cointreau oder irische Variante mit Baileys. Das Buffet bietet ebenfalls alles, was das Herz begehrt – sogar eine Obstplatte mit Schokoladenbrunnen, Wraps und eine Fischplatte. Eine Reservierung, gerade in der kalten Jahreszeit, wird für bis zu vier Wochen im Voraus empfohlen. www.theatro.de

Auch mitten im Herzen der Bremer Innenstadt gibt es am Sonntag Brunchmöglichkeiten. Zum Beispiel mediterranes Schlemmen im **Delano** (Queerenstr. 1). Von 10.30 Uhr bis 14.30 Uhr bekommst du hier zusätzlich zum Frühstücksbuffett von der italienischen Küche inspirierte Antipasti-Köstlichkeiten. In den 13,90 Euro sind Kaffee, Tee, Orangen- und Apfelsaft sowie Wasser enthalten. Das Publikum ist gemischt, die Atmosphäre gediegen und die Einrichtung modern. Auch hier gilt: rechtzeitig reservieren! www.delano-restaurant.de

Ebenfalls in der Innenstadt lädt dich das **Alex** (Domshof 16/Hanseatenstr. 1/AG-Weser-Str. 3) zum Sonntagsbuffet ein. Von 9.00 Uhr bis 14.30 Uhr für 11,90 Euro (Preis zzgl. Getränke) kann hier reichlich gebruncht werden. Der Standort am Bremer Domshof verschafft dir einen besonderen Blick auf den Marktplatz, das verglaste Gebäude über zwei Etagen plus Dachterrasse bietet Raum zum Klönen und Entspannen. Der überschirmte Außenbereich ist zum Teil etwas windig. Das Alex ist mit der Straßenbahn und dem Bus (Haltestelle Schüsselkorb) super zu erreichen. www.dein-alex.de

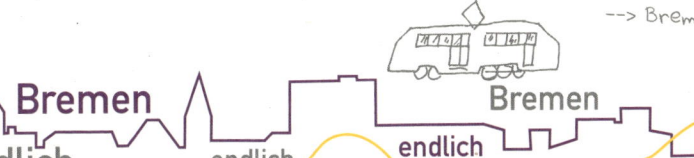

//158 Sonntage   Kirche flanieren
brunchen Ausflüge
geschlossen

Wenn du den Sonntag mit einer Reise durch die europäische Frühstückslandschaft beginnen möchtest, komm ins **Übersee** (Bahnhofsplatz 13) und lass dich von dem vielfältigen Brunch inklusive Kaffee, Tee, Schoki und Orangensaft zum Preis von 17,50 Euro verwöhnen. Das Übersee liegt direkt am Bahnhof und ist eine gute Location, um sich mit anreisenden Freunden oder Verwandten zu treffen. Die Einrichtung ist modern, urban und froschgrün. www.restaurant-uebersee.de

Wie wäre es nach dem Brunch mit einer Führung im Übersee-Museum im gleichen Gebäude? S. „Kultur und so", S. 193

Nahe dem Zentrum und doch im Grünen steht die **Kaffee Mühle** (Am Wall 212). Hier schmaust du in einer restaurierten historischen Windmühle. Bediene dich am liebevoll dekorierten Buffet und such dir auf der umlaufenden Terrasse ein sonniges Plätzchen. Die farbenprächtigen Blumenbeete sorgen für sonntägliche Stimmung und Wohlfühlatmosphäre. Und die Kaffee Mühle macht mal nicht auf mediterran. Hier gibt's, was es in Bremen gibt: Fischsalat, Geflügelsalat, Bremer Räucherfischauswahl ... Gebruncht werden kann von 9.30 Uhr bis 13.30 Uhr für 18,50 Euro. www.muehle-bremen.de

Die **Lilie** in Findorff (Hemmstr. 159/Ecke Lilienthaler Str.) hat sonntags von 10.00 Uhr bis 14.00 Uhr ein tolles Brunchbuffet für 14,90 Euro mit Kaffee, Tee oder einem Glas Orangensaft zu bieten. Gemütlich und freundlich lockt die Lilie mit nicht allzu großen Räumlichkeiten (kann also auch mal voll sein) und Sitzmöglichkeiten draußen, mitten im Findorffer Straßenleben. Außerdem gibt die

Lilie Bremer Künstlern die Möglichkeit, ihre Arbeiten zu zeigen. So kannst du, während du dich über dein Brötchen hermachst, auch noch Kunst betrachten und genießen. www.lilie-bremen.de

Direkt am Beginn der Schlachte lauert die **Bar Celona** (Schlachte 32) auf Hungrige. Am Sonntag gibt es hier ein großes Frühstücksbuffet mit süßen und herzhaften Speisen. Zu empfehlen ist dazu der Café Americano nach der hauseigenen Kaffeerezeptur oder die White Chocolate mit Sahne und Schokoraspeln. Auch eine Frühstücksbestellung à la carte ist möglich. Es gibt das „Pequeñito" für 4,25 Euro, das „Grande" für 6,95 Euro oder das „Grande por dos" mit Kräuterdip und Obstsalat für 12,95 Euro. Die Stimmung in der Bar Celona ist laut und lebhaft mit einem Hauch südländischem Flair. www.cafe-bar-celona.de

Wenn du dich vom pulsierenden Leben auch am Sonntagmorgen nicht abschrecken lässt, findest du im Szene-Café **Piano** im Viertel (Fehrfeld 64) das richtige Frühstücksplätzchen. Schon seit 1892 befindet sich in dieser Location Gastronomie und manch ein Einrichtungsgegenstand erzählt aus vergangenen Zeiten. Frühstücken kannst du hier am Sonntag von 09.00 Uhr bis 17.00 Uhr aufs Köstlichste. Nicht selten sieht man aber bereits vor 09.00 Uhr Gäste vor der Tür warten, die auf das Ausschlafen verzichten, um nicht den legendären Vanillequark zu verpassen. www.cafepiano-bremen.de

Ein Stück den Osterdeich hinunter lockt das **Ambiente** (Osterdeich 69a) mit einem einzigartigen Panorama-Wintergarten. Mit Blick auf die Weser kann hier bis 15.00 Uhr genascht und genossen werden. Das Ambiente bietet für den kleinen Geldbeutel schon ab 2,90 Euro ein Brötchen mit Butter, Marmelade und einem Ei – und das in Bio-Qualität! Aber auch Prassen ist erlaubt: Der ganz besondere Anlass kann mit dem Schlemmerfrühstück für Zwei (10,50 Euro) oder dem Champagner-Frühstück (39 Euro) gefeiert werden – soo lecker! www.cafe-ambiente.de

//160 Sonntage

Im **Weincafé Engel** (Ostertorsteinweg 31/33) erwartet dich zwar keine Wolke mit Engeln in azurblauen Räumlichkeiten, dafür aber eine petrolfarbene Decke, schwarze Holzmöbel, schwarz-weißer Fliesenboden und weiße Kugellampen, die das Lokal elegant und schick gestalten. In der früheren Apotheke kannst du bis 15.00 Uhr ausgezeichnet frühstücken. Setz dich bei gutem Wetter an die kleinen Tische draußen und verfolge das Treiben im Ostertor.
www.engelweincafe-bremen.de

Frühstück – und Unterhaltung dazu

Raus aufs Wasser bringt dich die Frühstücks-Fahrt der Schifffahrtsgesellschaft **Hal Över**. Los geht's jeden Sonntag um 10.30 Uhr am Martinianleger. Während sich das Schiff gemächlich auf den Weg Richtung Vegesack macht, kannst du dich für 27 Euro am reichhaltigen Frühstücksbuffet bedienen und einen Kaffee an Deck genießen. Nach zweieinhalb Stunden legt die Hal Över wieder am Martinianleger an.
www.hal-oever.de --> Fahrten
--> Frühstücksfahrt

Wenn du auf ein opulentes Frühstücksbuffet gerne verzichtest und dafür der guten Unterhaltung den Vorrang lässt, ist eine kleine feine Besonderheit in Bremen genau das Richtige für dich: Einmal monatlich gibt es im **Bremer Kriminal Theater** (Friesenstr.16-19) ein „Mordsfrühstück". Bei einer guten Tasse Kaffee und einem Croissant lesen Schauspieler einen Krimi-Klassiker vor. Der Spaß kostet 8 Euro, zzgl. Frühstück. www.b-k-t.eu

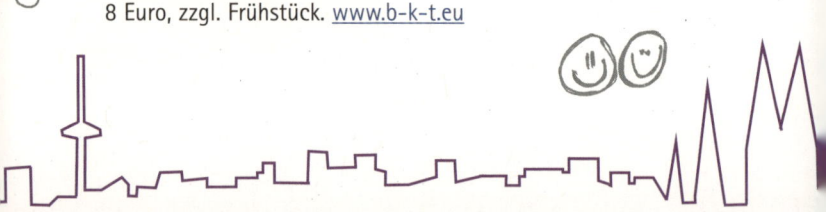

Statt Theater lieber Film? Dann komm zum „Französischen-Kino-Frühstück" ins **Institut Français** (Contrescarpe 19). Das Institut Français ist darum bemüht, die französische Sprache und Kultur in Bremen zu verbreiten und zu fördern. An einem Sonntag im Monat lädt das Institut in das hauseigene Café, um den Sonntag mit einem „Bonjour" zu starten. Es gibt Croissants und Baguette, Kaffee und Saft, Honig und Orangen-Marmelade sowie deftige Käse- und Wurstspezialitäten, Quiches und französische Pâtisserie. Im Anschluss folgt eine französische Filmvorstellung.
www.institutfrancais.de/bremen

--> Kalender
--> Kulturbereiche Events

Kirche

Für manche ist Sonntag Kirchen-Tag. Nach einem zeitigen Frühstück steht dann der Besuch des Gottesdienstes an. In Bremen leben selbstverständlich Menschen mit unterschiedlichsten religiösen Überzeugungen und Hintergründen. Je nach Glaubensrichtung ist dann natürlich nicht unbedingt der Sonntag der prädestinierte Tag, um seinen Glauben zu praktizieren.

Auf der gemeinsamen Internetseite der **Bremischen Evangelischen Kirche** und des **Katholischen Gemeindeverbands** findest du eine Übersicht über die evangelischen und katholischen Gottesdienstzeiten in Bremen.
www.kirche-bremen.de

Auch viele **Freikirchen** sind in der Hansestadt ansässig. Informationen dazu und zu den Gottesdiensten findest du beispielsweise unter www.fcbremen.de

Die **Muslime** können sich in Bremen eine von über 20 Moscheen aussuchen. Eine Liste dazu gibt es unter www.islaminbremen.de

Wenn du am Frühgebet der **Bahá'í** teilnehmen möchtest, mach dich samstags um 8.30 Uhr auf in Richtung Offenes Zentrum (Am Wandrahm 7). www.bremen.bahai.de

Das **Buddhistische Zentrum** in Bremen ist in der Parkallee 79 ansässig. Hier findet jeden Donnerstag um 20.00 Uhr eine Meditation auf Deutsch statt. www.buddhismus-bremen.de

Die **jüdische Gemeinde** in Bremen trifft sich in der Synagoge in der Schwachhauser Heerstr. 117.

In der **Propsteikirche St. Johann** in Bremen findet alle 14 Tage sonntags um 16.00 Uhr eine „Mass in english" statt. Auch diverse andere fremdsprachige Gottesdienste, wie italienisch, kroatisch, polnisch, etc. werden zu unterschiedlichen Zeiten an verschiedenen Standorten gehalten. Aktuelle Infos hierzu gibt's im Stadtteilkurier, der Beilage des WESER-KURIERS.

Sonntagsspaziergang

Genug gebruncht oder gebetet? Wie wäre es dann mit ein bisschen Bewegung an der frischen Bremer Luft? Eingefleischte Wanderfans werden das platte Land in und um Bremen vielleicht etwas langweilig finden, aber für ausgedehnte Sonntagsspaziergänge sind Blockland & Co. geradezu perfekt.

Das malerische **Blockland** ist Beschaulichkeit pur und zeichnet sich durch flaches Marschland, historische Dörfer, Wiesen und Deiche aus. Zu erreichen z.B. über den Kuhgrabenweg in der Nähe der Uni. Oder mach dich auf Richtung Wümmedeich. Die Weite, der Himmel, die Felder und Wiesen und die nahegelegenen landwirtschaftlichen

brunchen Kirche Spaziergang
Kühlschrank leer

Betriebe strahlen Ruhe und Zeitlosigkeit aus. Das dörfliche Flair zieht sich in Bögen die Wümme entlang und reetgedeckte Cafés und Restaurants bieten ruhige Plätzchen zum Pausieren.
www.blockland.de

Der **Osterdeich**, der sich von Bremen-Mitte über die Östliche Vorstadt bis nach Hemelingen zieht, ist prima für eine Joggingrunde oder einen Spaziergang geeignet. Allerdings bist du hier, besonders bei schönem Wetter, nicht (niemals!!) allein. An einem Sonntag kann es schon mal passieren, dass du im „Stau" stehst oder Slalom um Kinder, Hunde, Fußbälle, Picknickrunden und Wikingerschach einplanen musst. Der Blick auf das Wasser, die Atmosphäre, der Trubel und die Heiterkeit werden dich aber bestimmt begeistern. Zum anschließenden Päuschen kannst du ab 10.00 Uhr mit der Sielwall-Fähre zum **Café Sand** übersetzen.
www.cafe-sand.de

Zu den Spielen des SV Werder im Weserstadion solltest du dich zudem auf massenhaft wandernde, grölende und trinkende Fans einstellen. Da ist entweder mitfeiern angesagt oder der Osterdeich zu meiden.

Auch der **Habenhauser Deich** auf der linken Weserseite bietet dir in idyllischer Lage eine schöne Strecke zum Spazierengehen direkt am Wasser. Von hier aus gelangst du in das Naturschutzgebiet „Neue Weser". Durch die Verbindung über die „Erdbeerbrücke" (Karl-Carstens-Brücke) ist der Habenhauser Deich ein citynahes und attraktives Ausflugsziel.

Direkt hinter dem Bahnhof der kleinen Großstadt Bremen liegt der **Bürgerpark**. Er ist Bremens grüne Lunge und bietet neben zahlreichen Rad- und Spazierwegen auch einen Natur- und Erlebnispfad mit 15 lehrreichen Stationen zu Pflanzen, Tieren und deren Lebensräumen. Waldähnliches Gebiet wechselt sich mit englischer Parkanlage ab. Es gibt schöne Wiesen zum Picknicken und für Kinder finden sich zahlreiche Spielplätze. Im Tiergehege leben Damwild, Bergziegen, Schafe, Enten und auch Bentheimer Schweine und Meerschweinchen.
www.buergerpark.de

Außergewöhnliche Pflanzenvielfalt gibt es im **Rhododendronpark** (Marcusallee/Deliusweg 40). Wie der Name schon sagt, wachsen hier über 10.000 Rhododendron- und Azaleen-Büsche – weltweit die zweitgrößte Sammlung dieser Art. Gerade in den Frühlingsmonaten überzeugt diese Fülle mit Farbenpracht und Dufterlebnissen. Der Park ist dazu sehr abwechslungsreich und weitläufig, mit kleinen Brücken, versteckten Ecken und zauberhaften Orten.
www.rhododendronpark-bremen.de

Knoops Park

brunchen Kirche Spaziergang
         Kühlschrank leer

Im **Knoops Park** im Nordbremer Stadtteil St. Magnus gibt es neben einheimischen und exotischen Gewächsen auch historische Gärten und Villen zu entdecken. Ein Spaziergang mit kulturhistorischer Prise. www.foerderverein-knoops-park.de

Ausflüge um die Ecke

Bremen ist fein, aber klein. Wenn du mal was anderes sehen willst, kannst du zum Glück ohne viel Zeitaufwand eine Tour ins grüne Umland oder in nahegelegene Städte machen:

Worpswede

Etwa 25 km nördlich von Bremen liegt das malerische Künstlerdorf Worpswede. Bekannt ist Worpswede durch eine 1889 gegründete Künstlerkolonie, auf deren Spuren du noch heute wandeln kannst. Besonders sehenswert sind neben den Kunsthallen und Galerien der Barkenhoff, die Käseglocke, der Niedersachsenstein und der Worpsweder Bahnhof. A propos Bahnhof: Wenn du Interesse an Kultur und Landschaft und ein wenig Zeit hast, kannst du mit dem Moorexpress vom Bremer Hauptbahnhof nach Worpswede fahren.
www.evb-elbe-weser.de   --> Moorexpress

Für Spaziergänge in Worpswede eignet sich der Weyerberg. Etwas außerhalb schlängelt sich die Hamme durch die Wiesen. An der Hammebrücke (Neu Helgoland) kannst du einen Spazierrundgang starten und anschließend in der **Hammehütte** (Hammeweg 29) direkt am Wasser Bratkartoffeln und Knipp speisen.
www.hammehuette.de

Knipp? Schau mal in den „Sprachregeln" ab S. 238 nach!

Fischerhude

Nicht ganz so touristisch und etwas ländlicher ist Fischerhude. Der kleine Ort wirkt unberührt und besticht mit Kopfsteinpflaster und urigem Charakter. Ein Spaziergang an den naturbelassenen Flussarmen der Wümme zieht sich rund um das Dorf. Hier läufst du auf kleinen Trampelpfaden direkt über Wiesen, vorbei an Tieren, Gärten, idyllischen Plätzen und über kleine Brücken. Im Anschluss kannst du es dir zwischen Puppen und Biedermeiersofas im **Puppencafé** im Eichenhof (Kirchstr. 10) gemütlich machen. www.puppencafe.de

Oder du probierst im **Café Lindenlaub** (Wilhelmshauser Str. 2, 28870 Quellkorn) Eis und Kuchen aus eigener Herstellung. www.cafe-lindenlaub.de

Bremerhaven

Zieht es dich statt aufs gemütliche Land in eine andere Stadt, mach dich auf nach **Bremerhaven**. Hier kannst du deiner Erkundungs- und Abenteuerlust freien Lauf lassen:

Es gibt das **Klimahaus** (Hermann-Heinrich-Meier-Str., 27568 Bremerhaven), das auch sonntags besucht werden kann und als einzigartige Wissens- und Erlebniswelt zahlreiche Informationen zu Klima, Klimawandel und Wetter gibt. www.klimahaus-bremerhaven.de

Auch das **Deutsche Auswandererhaus Bremerhaven** (Columbusstr. 65, 27568 Bremerhaven) ist einen Ausflug wert. Als Besucher kannst du die Reise eines Auswanderers vom Abschied über die Überfahrt bis zur Ankunft in einer neuen Heimat nachvollziehen. Schon lange nichts mehr vom amerikanischen Onkel gehört? Am Ende des Rundgangs gibt es die Möglichkeit, in einer internationalen Datenbank nach ausgewanderten Verwandten zu forschen. www.dah-bremerhaven.de

Zudem hat Bremerhaven einen **Zoo am Meer** (Hermann-Heinrich-Meier-Str. 7, 27568 Bremerhavaen) mit Eisbären, Pinguinen, Chamäleons, Pumas, Schimpansen und vielen mehr. www.zoo-am-meer-bremerhaven.de

Tierparks

Klingt klein und nach Provinz, ist aber rekordverdächtig: Der **Vogelpark Walsrode** (Am Vogelpark, 29664 Walsrode) etwa 70 Kilometer von Bremen ist der weltgrößte Vogelpark mit über 4.000 Vogelarten aus unterschiedlichsten Kontinenten und Klimazonen. Im Gegensatz zu den Park-Bewohnern kannst du am Ende des Tages aber wieder deinen Heimflug antreten. www.weltvogelpark.de

Im **Serengeti-Park** (Am Safaripark 1, 29693 Hodenhagen), ebenfalls etwa 70 Kilometer von Bremen, verbindet sich der Zoobesuch mit Freizeitpark-Vergnügen. Von einem Doppeldeckerbus aus kannst du exotische Tiere hautnah erleben oder vom Riesenrad die Aussicht genießen. www.serengeti-park.de

Tatort gucken

Jetzt bist du nach einem langen Tag endlich wieder zu Hause – oder hast dich wahlweise gar nicht erst aus der Wohnung bewegt ... egal: Den Sonntagabend-Tatort kannst du auf dem eigenen Sofa gucken oder mit anderen Hobby-Ermittlern in der Kneipe:

Im **Horizont** in Vegesack (Alte Hafenstr. 21) sitzt du dabei auf einem der gemütlichen Sofas zwischen vielen Sportfans. www.horizont-bremen.de

Im **Freiraum** in Bremen Walle (Helgolanderstr. 22) findest du Retro-Charme, Kaffeespezialitäten, Cocktails und gute Bio-Weine.

Mit einer Bar-Lounge-Atmosphäre empfängt dich das **Oililio**, die Studentenbar in der Vorstraße 95. www.oililio.de

Weitere Adressen: Im **Viertel** (Fehrfeld 58/59) oder im **Lox** (Bremerhavenerstr. 41-43) gibt es ebenfalls den Sonntag-Abend-Klassiker zu sehen. www.dasviertel.de/fehrfeld www.lox-bar.de

Eltern

Sightseeing
Touris
Touris
Touris

Sights

aufräumen

aufräumen **aufräumen** aufräumen

aufräumen

Sigh

Besuch? Tourikram ...

//170 Besuch? Tourikram ...

Ding Dong. Oh nein! Der Besuch ist schon da! Jetzt gilt es, den Stadtführer raushängen zu lassen, keine Sehenswürdigkeit zu vergessen und einen möglichst optimalen Eindruck von der neuen Heimat zu vermitteln ... Und das, obwohl du selbst erst vor Kurzem in die schöne Hansestadt gezogen und noch weit entfernt davon bist, ein Bremen-Experte zu sein. Egal, jetzt musst du Gastgeber-Qualitäten beweisen, die schönsten Ecken aus dem Stegreif ansteuern und im besten Fall auch noch die ein oder andere Info dazu bereithalten.

Um dich aus dieser misslichen Lage zu retten, haben wir hier eine typische Touri-Tour für dich vorbereitet. Station für Station bekommst du alles an die Hand gereicht, was du wissen musst, um nicht als völlig ahnungslos dazustehen.

Vorbereitungen

Damit die Sache wie geschmiert läuft, ist natürlich ein Stadtplan ratsam. Den altmodischen Faltplan bekommst du überall für wenig Geld. Oder du lädst dir Bremen einfach flugs auf dein Smartphone. Wenn du etwas mehr wissen willst als nur die Straßennamen, dann lohnt sich ein Besuch in Bremens **Tourist-Informationen**. Ganz praktisch am Hauptbahnhof, am Flughafen oder am Marktplatz (Langenstr. 2-4) gelegen, bekommst du hier Tipps aus erster Hand.

Juckt es dir schon jetzt in den Füßen und du willst direkt loslegen oder ist für die Tourist-Information keine Zeit mehr, weil der Besuch schon auf deiner Türschwelle steht, ist auch das kein Problem. Mit dieser Touri-Tour werdet ihr euch auch ohne Stadtplan in der Tasche bestimmt nicht verlaufen.
www.bremen-tourismus.de

Los geht's – auf zur Touri-Tour!

Die erste Station der Tour ist praktischerweise der **Hauptbahnhof**. Der Bahnhofsplatz ist zwar nicht sonderlich schön, aber von hier aus erreichst du erst einmal alles. Der Hauptbahnhof wurde im 19. Jahrhundert errichtet und in den Hallen findest du noch das eine oder andere sehenswerte Wandmosaik.

Aber halte dich hier nicht zu lange auf, denn du willst ja so schnell wie möglich zu den richtig tollen Sehenswürdigkeiten. Also wieder raus aus dem Bahnhof, Richtung City und immer geradeaus. Dann über die Kreuzung unter der Brücke. Schlender ruhig immer weiter und halte dich links, bis du zur nächsten Brücke kommst.

Lehn dich über das Brückengeländer und genieß den unverwechselbaren Ausblick auf Bremens berühmte **Mühle am Wall**. Die Mühle hat bereits eine ganz schöne Geschichte hinter sich, die bis 1699 zurückgeht. Heute wird in der Mühle kein Mehl mehr gemahlen, sondern Kaffee und im Inneren gibt's ein Restaurant. Bist du schon aus der Puste und willst dich hinsetzen oder erst einmal stärken, kannst du das hier wunderbar machen – in Bremens grüner Oase mitten in der Innenstadt.
www.muehle-bremen.de

//172 Besuch? Tourikram ...

Lauf den Wall entlang weiter Richtung Wallanlagen und bieg rechts in die Knochenhauerstraße. Die gabelt sich dann in die **Sögestraße**. Hier kannst du neben einer Sehenswürdigkeit auch schicke Shops entdecken. Dazwischen tummelt sich jedoch das ein oder andere Schwein.

Keine Angst, natürlich keine echten, denn so versaut ist Bremen nun auch wieder nicht. Die Schweine, ihr Hirte und der Hirtenhund sind aus stabilem Messing. Sögestraße ist plattdeutsch und bedeutet eigentlich „Sauenstraße". Ganz früher wurden durch diese Straße nämlich die Schweine zur Bürgerweide vor der Stadt getrieben. Darum auch das **Schweinedenkmal**. Jetzt findest du hier alle erdenklichen Shoppingmöglichkeiten.

Ganz entspannt bummelst du bis zum Ende der Sögestraße. Dann links und schon bist du auf der **Obernstraße**. Noch im 19. Jahrhundert befanden sich hier überwiegend Wohnhäuser und auch die Giftmörderin Gesche Gottfried hatte sich hier niedergelassen. Ganz ruhig! Heute musst du keine Angst mehr vor fiesen Mördern in der Obernstraße haben. Das Stadtbild ist mittlerweile geprägt von Kaufhäusern und schicken Büros. Sind dir schon die zwei riesigen Kirchtürme auf der einen Seite aufgefallen? Nicht? Dann dreh dich mal um, denn da musst du hin!

mehr zur Giftmischerin im kapitel „Mythen", S. 226

Stehst du vor den zwei riesigen Kirchtürmen, bist du schon mitten auf dem Bremer **Marktplatz**, den die Bremer auch ihre „gute Stube" nennen. Hier findet täglich der große Wochenmarkt statt. Die Kirchtürme gehören zum **St. Petri Dom**, der seit dem 11. Jahrhundert mit den höchsten Türmen in Bremen zum Himmel ragt. Schlägt in deiner Brust ein Sportlerherz, kannst du ihn auch ruhig besteigen.

Zieht es dich eher bleischwer nach unten, solltest du dem Bremer **Bleikeller** einen Besuch abstatten. Hier wurde früher das Blei gelagert, mit dem das Domdach gedeckt wurde. Heute kannst du im Keller sechs Mumien in offenen Särgen bestaunen. Also vergiss Ägypten, so was gibt's auch im nordischen Bremen! Lange wurde übrigens angenommen, die mumifizierte Leiche mit dem offenen Mund sei ein Arbeiter gewesen, der damals beim Dombau vom Gerüst gestürzt sei. Später stellte sich jedoch durch Röntgenaufnahmen heraus, dass das Skelett keinerlei Knochenbrüche aufwies, aber dafür eine Kugel in der Wirbelsäule. Mysteriös!

Auf der Nordseite des Doms triffst du nach ungefähr zwanzig Schritten auf einen sehr unauffälligen Basaltstein mit einem Kreuz drauf: den **Spuckstein**. Die einen Bremer sagen, dass hier das Schafott stand, auf dem die Giftmörderin Gesche Gottfried hingerichtet wurde. Andere sagen, dass hier ihr Kopf liegen blieb, nachdem sie geköpft wurde.

//174 Besuch? Tourikram ...

Genug Schauergeschichten. Gegenüber vom Domgebäude fällt dir sicherlich das etwas futuristische Gebäude auf, das eigentlich so gar nicht zu den anderen gotischen Gebäuden auf dem Marktplatz passt. Das ist die **Bremer Bürgerschaft**, hier treffen sich die Politiker Bremens und fällen die wichtigsten Entscheidungen über die Hansestadt.

Auf dem Marktplatz kaum zu übersehen ist der **Roland**. Die Statue ist eines der Wahrzeichen der Stadt und mittlerweile Weltkulturerbe. Der Roland ist über 10 Meter hoch und steht dort schon seit 1404. Er gilt als Bremens Symbol für Recht und Freiheit.

Die Knie des Rolands sind ziemlich spitz und haben eine ganz besondere Bedeutung, denn der Abstand zwischen ihnen entspricht genau einer Bremer Elle. Diese Maßeinheit war im Mittelalter im wahrsten Sinne des Wortes maßgeblich auf den Bremer Märkten. Aber auch für Sicherheit sorgt der Roland in der Hansestadt, denn die Bremer erzählen sich, dass Bremen nur so lange frei und selbstständig ist, wie der Roland über seine Hansestadt wacht.

Gleich gegenüber vom guten Roland steht das Bremer **Rathaus**, das im 17. Jahrhundert errichtet wurde und inzwischen auch zum Weltkulturerbe zählt. Der Stil wird als Weserrenaissance bezeichnet. Die gigantische Fassade, die prunkvollen Balkone und die vielen Verzierungen sind wirklich bemerkenswert. In Europa ist es das einzige Rathaus, das seit dem Spätmittelalter so erhalten ist. Es wurde niemals zerstört oder gar verändert.

Im Keller des Hauses befindet sich der **Bremer Ratskeller**. Er ist einer der größten Weinkeller Deutschlands und als ganz besonderer Schatz lagert hier sogar der älteste Fasswein Deutschlands. Ob der noch schmeckt, darf wohl infrage gestellt werden.

→ s. Kapitel „Durst", S. 91

Puh, dröhnt dir schon der Kopf von dem ganzen Geschichtswissen? Dann ist jetzt mal Zeit für etwas Unterhaltsames, du hörst bestimmt schon den Singsang an der Westseite des Rathauses. Na klar, das können nur die **Bremer Stadtmusikanten** sein, die Gerhard Marcks 1951 in Bronze gemeißelt hat. Esel, Hund, Katze und der stolze Hahn fühlen sich hier richtig wohl und verleihen sogar Glück. Ja, es ist nur ein Märchen, aber an irgendetwas darf man ja wohl noch glauben. Berührst du ein Bein des Esels oder seine Schnauze, weicht dir das Glück nicht mehr von der Seite!

Wenn du die Bremer Stadtmusikanten hören willst, dann auf zum **Bremer Loch**. Zugegeben, es klingt kolossal kakofonisch und die Stimmen der Stadtmusikanten sind auch nur vom Band, aber hier bekommst du von den

vier Gesangstalenten alles geboten. Das Loch findest du auf dem Boden nahe der Bürgerschaft gegenüber des St. Petri Doms. Eine Münze solltest du aber auch dabei haben. Schließlich sind die Stadtmusikanten ja eine Art Straßenmusiker.

Nun musst du dich zwischen zwei Möglichkeiten entscheiden:

Entweder geht's weiter geradeaus seitlich an der Bremer Bürgerschaft vorbei über die Domsheide und rein ins **Schnoorviertel**. Hier in den süßen, kleinen, engen Gassen erwarten dich schöne Geschäfte, die vor allem Kunsthandwerk anbieten. Die kleinen Fachwerkhäuser reihen sich aneinander wie eine Schnur, deswegen heißt es eben zu plattdeutsch „Schnoor". Super praktisch kannst du hier auch bremische Souvenirs shoppen.

Du kommst durch die schmalen Gassen zum Geschäft **Weihnachtsträume** (Marterburg 45). Hier gibt's Weihnachtsdeko das ganze Jahr über, einfach himmlisch!

Weiter geradeaus und dann an der nächsten Straßenkreuzung rechts geht's auf die Bremer Kulturmeile, den Wall. Hier schlenderst du an **Kunsthalle** und Co. vorbei, bis du im **Viertel** angelangt bist. Das merkst du spätestens an der alternativen Atmosphäre und den vielen Cafés und Restaurants. Hier kannst du einen Drink genießen und ein wenig die Füße hochlegen – gemütlich zum Beispiel im **Piano** (Fehrfeld 64). Das findest du, wenn du den Wall entlang läufst, der zum Ostertorsteinweg wird. Dann noch über den Sielwall und schließlich links ins Fehrfeld.

Oder du wählst Möglichkeit Nummer zwei und drehst dich nach der elementaren akustischen Erfahrung am Bremer Loch noch einmal um und schaust links vom Roland auf den **Schütting**. Das ehrwürdige Gebäude aus der Renaissance ist der traditionelle Sitz der Bremer Kaufmannschaft und der heutigen Handelskammer.

Seit 1899 steht über dem Eingang das Motto der Bremer Kaufleute: „Buten un binnen, wagen un winnen".

Dein Augenmerk solltest du aber auch auf die kleine Gasse links neben dem Schütting legen. Was hier so unscheinbar wirkt, ist die Böttcherstraße, in der früher die Fassmacher wohnten und Bottiche herstellten. Heute ist hier das Kunsthandwerk zu Hause und ein **Glockenspiel** aus Meißner Porzellan. Am Ende der Straße spielen dessen 30 Glocken stündlich eine liebliche Melodie und als wäre das noch nicht Unterhaltung genug, gibt's daneben sich drehende Bildtafeln mit Abenteuern aus den Ozeanen.

Immer weiter geradeaus kommst du dann rechts oder links zur **Schlachte**, auf der du direkt an der Weser bei einem Drink endlich entspannen kannst.

Geführte Touren

Du hast eigentlich noch jede Menge über deine neue Heimat zu lernen und fändest es viel angenehmer, selbst an einer Führung teilzunehmen? Da gibt es in Bremen verschiedene Möglichkeiten. Die ganz traditionelle Stadtführung startet täglich um 14.00 Uhr vor der **Tourist-Information** (Langenstr. 2-4). Neben den klassischen Stadtführungen, die eigentlich überall zu bekommen sind, gibt's auch Außergewöhnliches. www.bremen-tourismus.de

In der Nacht Bremen erleben, wie es früher einmal war, kannst du beim Nachtwächter-Rundgang. Ein fast Original-Nachtwächter erzählt dir Historisches und Kurioses aus vergangenen Zeiten. www.stattreisen-bremen.de

Oder brauchst du etwas mehr prickelnde Unterhaltung für die Sinne? Dann lohnt sich die Tour d'amour – Liebe, Lust und Leidenschaft. Ob über Nackte am Rathaus oder Intimes aus den Bremer Badestuben, bei dieser Tour erfährst du alles über Liebe und Laster in der Hansestadt. www.stattreisen-bremen.de

Wenn dich Kunst begeistert, solltest du die Tour „Ist das Kunst oder kann das weg? Führung zu Kunst im öffentlichen Raum" nicht verpassen. Unscheinbare Kunstobjekte, die sich auf Bremens Straßen mehr oder weniger auffällig verstecken, werden hier genau unter die Lupe genommen. www.rosige-zeiten.com

Interessierst du dich eher für den hippsten und alternativsten Stadtteil Bremens, ist die Tour „Von Bürgern, Revoluzzern und Kreativen – Rundgang durch das Viertel" genau das Richtige für dich. Hautnah wird dir die Geschichte des Viertels erzählt und die eine oder andere Anekdote aus Zeiten der Hausbesetzer ausgepackt. www.rosige-zeiten.com

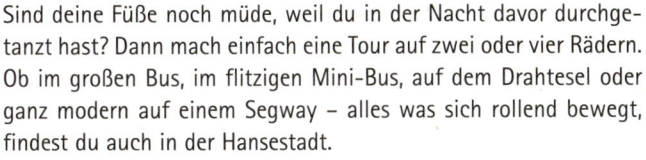

Sind deine Füße noch müde, weil du in der Nacht davor durchgetanzt hast? Dann mach einfach eine Tour auf zwei oder vier Rädern. Ob im großen Bus, im flitzigen Mini-Bus, auf dem Drahtesel oder ganz modern auf einem Segway – alles was sich rollend bewegt, findest du auch in der Hansestadt.
www.bremen-tourismus.de/fuehrungen-tickets-und-mehr

Und was ist Bremen schon ohne seine beliebte Straßenbahn? Willst du die Stadt aus der Perspektive einer historischen Bahn erkunden, ist auch das möglich. Vom Hauptbahnhof über die Innenstadt bis Horn: Auf die alte Straßenbahn ist Verlass und du gelangst damit so gut wie überall hin. www.stattreisen-bremen.de

Und für die Lieben zu Hause?

Wenn die Verwandten und Freunde noch nicht die Chance hatten, Bremen einen Besuch abzustatten, kommt ein kleines Mitbringsel immer gut. Typisch bremisch ist auf alle Fälle die leckere Schokolade von **Hachez**. Im schicken Hachez-Laden (Am Markt 1) direkt am Marktplatz hast du eine riesige Auswahl. www.hachez.de

Die Kleinen freuen sich sicherlich über die Stadtmusikanten im Kuscheltierformat – vier Tiere auf einmal, aufeinander gestapelt, wann gibt's das schon mal? Oder wie wär's mit Bremer Köstlichkeiten wie dem Bremer Babbeler, einer Art Lolli? So was und andere Bremer Kuriositäten wie „Stadtmusikantentropfen" gibt's beim **Bremen-Shop Schnoortreppe** (Balgebrückstraße 20) zu entdecken.
www.bremen-tourismus.de/bremen-shop-schnoortreppe

Im **Stadtmusikantenhaus der Bremer Leselust** (Llyodpassage) findest du allerlei Geschichten rund um Bremen und natürlich auch die Bremer Stadtmusikanten in allen Variationen.
www.bremen-tourismus.de --> Lloyd-Passage --> Shopping --> Souvenirs

Konzert Konzert Konzert Konzert Konzert Klassik Konzert endlich Klassik Klassik Poetry-Slam Kinosessel Klas Theater Poet Poetry K-Slam Konze Konzert Poetry-Slam

//182 Kultur und so

Konzert Kinosessel
Klassik
Theater
Poetry-Slam

Egal, ob du gerade auf feingeistige Kultur aus bist oder dir zum Ziel gesetzt hast, deinen Kopf möglichst im Ruhezustand zu lassen und einfach mal deinen Spaß zu haben – in Bremen kannst du dich mit jeder Erwartung und jedem Anspruch ins kulturelle Leben stürzen. Damit du dir dein ganz persönliches Kulturprogramm zusammenstellen kannst, gibt's hier die Highlights.

Leinwand

Wie wär's ganz niederschwellig mit Kino? Einfach zurücklehnen und die neueste Hollywood-Produktion oder einen Independent-Film auf der Leinwand genießen. In Bremen hast du viele Möglichkeiten, bei einem Film gemütlich im Kinosessel zu entspannen. Film ab!

Das **Cinespace Multiplexkino** (AG-Weser-Str. 1) ist mit elf Sälen das Mega-Kino in Bremen. Vielleicht erwischst du hier sogar Bremens größten Kinosaal oder siehst deinen Film auf der größten Kinoleinwand Norddeutschlands. Ob nun größter Saal oder nicht, jeder Raum hat eine individuelle Innenarchitektur und bietet durch sein Beleuchtungsdesign mit animierten Lichtpunkten in den Wänden schon eine Show vor der Show.

Statt in einen Kinofilm kannst du hier aber auch in die Welt der Klassik abtauchen. Regelmäßig werden die Filmrollen mal beiseite gestellt und das Kino verwandelt sich in einen kosmopolitischen Opern- und Ballettsaal mit Live-Übertragungen aus der Opéra de

Paris oder der Metropolitan Opera New York. Und wenn dich interessiert, wie Kino gemacht wird, kannst du eine Führung hinter die Kulissen des Filmtheaters bekommen. www.cinespace.de

Auch im **CinemaxX** (Breitenweg 27) darfst du dich ganz entspannt zurücklehnen und bei Popcorn oder Nachos einen der aktuellen, direkt aus Hollywood importierten Blockbuster genießen. Mit zehn Kinosälen hast du eine riesige Auswahl. Am besten gehst du an einem Dienstag hin, denn dann gibt's alle Filme zum Sparpreis.

Hast du genug vom schönen Schein der Filmemacher, kannst du dir im selben Gebäude die kuriosen Exponate im Schaumagazin Übermaxx des Überseemuseums ansehen. www.cinemaxx.de/bremen

s. „Museen", S. 193

Im **CineStar Kristallpalast** (Hans-Bredow-Str. 9) findest du nach einer ausgiebigen Einkaufstour im Shoppincenter Weserpark einen entspannten Tagesabschluss. „Andere Kulturen, andere Filme" ist das Motto des CineStar Kristallpalasts, wenn es wieder „Türk Filmleri" heißt. An diesen Abenden kannst du türkische Filme mit deutschen Untertiteln genießen. www.cinestar.de --> Bremen

Magst du es etwas kleiner und möchtest deine Gehirnzellen mal wieder richtig zum Dampfen bringen? Das **Bremer Filmkunsttheater** macht es möglich. Vier verschiedene Kinos an vier verschiedenen Standorten bieten dir vier verschiedene Arten des Kinoerlebnisses. Jeden Donnerstag ist übrigens „Studentendonnerstag". Zum günstigen Preis macht Kino doch gleich noch mehr Spaß!
www.bremerfilmkunsttheater.de

Die Standorte des Bremer Filmkunsttheaters

In der **Schauburg**, (Vor dem Steintor 114) mitten im Bremer Viertel, stehen jeden Abend etwa sechs Filme auf dem Programm. Als kleine Überraschung gibt's jeden Montag eine Sneak-Preview zum

günstigen Preis. Der kleine Nervenkitzel dabei: Bis sich der Vorhang öffnet, weißt du nicht, welcher Film dich erwartet. Probier danach doch mal in der Schauburg die Weinauswahl aus aller Damen und Herren Länder in einer richtig hübschen, alt-holzigen Bar.

Das **Atlantis Filmtheater**, (Böttcherstr. 4) direkt in der Bremer City, ist ein Arthouse-Kino im besten Sinn, in dem du jeden Tag zwischen drei Filmen wählen kannst. Eine kinoeigene Wein-Bar vervollständigt die ohnehin schon tolle Atmosphäre.

Die **Gondel** (Schwachhauser Heerstr. 207) im schicken Schwachhausen ist mit nur einem einzigen Saal das kleinste Kino des Bremer Filmkunsttheaters. Es hat sich besonders der französischen Filmkunst und Kulinarik verschrieben. Hier werden regelmäßig französische Filme gezeigt und auch die Sneak-Preview am letzten Mittwoch im Monat läuft en français. Passend zum Film kannst du hier natürlich auch deinen Gaumen verwöhnen. Und womit? Na klar, mit französischem Wein. Santé!

Das **Cinema im Ostertor** (Ostertorsteinweg 105) ist das letzte Kino im Quartett des Bremer Filmkunsttheaters, aber dafür ein echtes Kino-Urgestein mit einer Geschichte, die bis in die 1960er Jahre zurückreicht. Damals wurde es nämlich als Deutschlands erstes Programmkino gegründet und hat seitdem an die 40 Preise für sein anspruchsvolles Programm gewonnen – und diesem Ruf wird das Kino auch heute noch gerecht. Am Wochenende kannst du dich hier zu aktuellen alternativen Filmen in den Kinosessel kuscheln.

Das **Kommunalkino City 46** (Birkenstr. 1) wird von den Bremern liebevoll „KoKi" genannt. In zwei Kinosälen erwarten dich hier Filme, die du nicht überall zu sehen bekommst. Aber das ist im City 46 längst noch nicht alles: Gleich mehrere kleine und größere Filmfestivals und Symposien werden veranstaltet und in verschiedenen Filmreihen flimmern die besten osteuropäischen und spanischen

s. auch „Festivals", S. 208

Filme über die Leinwand – gerne auch mal im Originalton. Und wenn du täglich schon genug auf die Ohren bekommst, wie wäre es dann zur Abwechslung mit einem Stummfilm?
www.city46.de

In gleich mehreren Kinos in Bremen veranstaltet das **Filmbüro Bremen** Filmreihen und -abende, die vielleicht sogar bundesweit ihresgleichen suchen.

So hautnah kommst du Filmen, ihren Machern und Mitwirkenden jedenfalls sonst kaum: Beim „Heimspiel" werden echt Bremer Filme gezeigt, am Super8-Abend improvisieren Musiker live zu 3 Minuten ungeschnittenen Super8-Filmen, die nie zuvor gezeigt wurden. Der ständig laufende Bremer Kurzfilmwettbewerb „Young Collection" bringt immer wieder einen ganzen Abend voller Kurzfilme hervor und bei „Kochtopf" stellen Filmschaffende aktuelle Arbeiten „in progress" vor. Rohschnittfassungen, Drehbuchlesungen oder Kompositionen von Filmmusik bekommst du so noch lange vor der Filmpremiere zu sehen. Das ist meist spannender als jeder Hollywood-Blockbuster. www.filmbuero-bremen.de

Open-Air-Kino

Im Sommer gibt's auch in Bremen den einen oder anderen Kino-Genuss unter freiem Himmel. Das **Kulturzentrum Schlachthof** (Findorffstr. 51) bietet z.B. in alternativ-rustikalem Ambiente eine Leinwand unterm Sternenzelt. www.schlachthof-bremen.de

Idyllische Stadtpark-Atmosphäre genießen und dabei entspannt einen Film gucken – geht das? In Bremen natürlich kein Problem: Im **botanika** im Rhododendronpark (Deliusweg 40) finden meist im

August zwei Kinoabende unter freiem Himmel statt, an denen bei Lagerfeuer und Barbecue eine knisternde Stimmung entsteht. www.botanika-bremen.de

Für Kino in eine andere Stadt fahren – das scheint auf den ersten Blick vielleicht etwas übertrieben. Aber immer Anfang August ist das geradezu ein Muss: Direkt am **Hafenbecken in Bremerhaven** (Am Schaufenster 1) werden dann nämlich 20 Container in 5 Etagen gestapelt und daran wird die größte Leinwand in Norddeutschland festgemacht. Zu sehen gibt es Film-Klassiker, Unterhaltungsfilme und geborgene Film-Schätze – und alle drehen sich natürlich um die See. Die Anfahrtskosten relativieren sich auch, denn der Eintritt ist frei. www.schaufenster-fischereihafen.de

Die ganz große Bühne

Wie wäre es statt Kinoleinwand mal mit echten Schauspielern auf den Bremer Brettern? Eins ist garantiert, ob theatralisches Drama, leichte Komödie oder moderne Theaterkunst – alles ist in Farbe und 3D. Die Hansestadt ist übrigens eine richtige kleine Theatermetropole! Hier gibt's bestimmt auch was für dich:

Das **Theater am Goetheplatz** (Goetheplatz 1) befindet sich auf der Bremer Kulturmeile und ist die größte Spielstätte in Bremen. Von Tanz über Musik bis hin zum Schauspiel wird im Theater am Goetheplatz ein vielfältiges Programm geboten. Sogar ein Kinder- und Jugendtheater mit talentierten Jung-Schauspielern nennt es sein Eigen. Insgesamt werden vier

Beim **Theater-Fenster** kommen Schauspieler des Bremer Theaters in die **Cafébar Litfass** (Ostertorsteinweg 22) und spielen einige Szenen aus neuen Stücken. Und danach kann geschnackt werden. Theater hautnah!

www.litfass-bremen.de

unterschiedliche Bühnen bespielt. In die größte der vier Spielstätten passen mehr als 800 Zuschauer – genug, um auch mal noch spontan einen Sitzplatz zu ergattern.

Das kleine Haus ist etwas kuscheliger, aber auch hier kannst du großes Theater erleben. Du bist immer hautnah dabei und je nach Bühnenbild auch mal mittendrin.

Noch näher kommst du den Darstellern nur bei einer Inszenierung im **Brauhauskeller**. In der alten Brauerei, direkt hinter dem kleinen Haus, geht's zunächst ganz urig über eine Treppe nach unten. Danach musst du dich entscheiden, ob du in die Spiel- oder in die Leseröhre willst. Wie die Namen schon verraten, findet hier entweder Schauspiel oder Lesung statt.

Im ersten Stock der alten Brauerei zeigen die Schauspieler des Kinder- und Jugendtheaters MOKS ihr Können. Bei den Workshops und Aufführungen der Reihe „Junge Akteure" können kleine Schauspieltalente selbst Erfahrungen auf der großen Bühne sammeln.
www.theaterbremen.de

Die **bremer shakespeare company** (Schulstr. 26) bringt – wer hätte das gedacht – die Stücke des Autors William Shakespeare auf die Bühne: „Hamlet", „Der Kaufmann von Venedig" oder doch ganz romantisch „Romeo und Julia", die bremer shakespeare company hat wohl mittlerweile so ziemlich jedes Stück inszeniert, das Shakespeare je geschrieben hat. Und das nicht altbacken, sondern zeitgenössisch und modern.

Nebenbei beweist das Theater auch durch eigene Kreationen absolutes Kreativ-Potential. So zeigt das Projekt „Theater-Schule-Campus" die Vielseitigkeit und gesellschaftliche Verantwortung, die sich die Company selbst auferlegt, indem kulturelle Bildung durch Kunst als alternative Lernform gefördert wird. Und auch dieses Ergebnis kann sich sehen lassen. www.shakespeare-company.com

Konzert Klassik Kinosessel Theater Poetry-Slam

Auf der kleinen Bühne des **Schnürschuh Theaterhauses** (Buntentorsteinweg 145) wird gezeigt, was junge Menschen bewegt. Früher war das Ensemble nur ein Straßentheater, doch seit einigen Jahren haben die Schauspieler ihre eigene Spielstätte. Stehst du auf moderne Stücke und bist gerne ganz nah dran am Geschehen? Dann wird das Schnürschuh Theaterhaus mit seiner kleinen Bühne sicherlich schnell dein Herz erobern.
www.schnuerschuh-theater.de

Achtung! Ziemlich kriminell geht's im **bremer kriminal theater** (Friesenstr. 16-19) zu. Zahlreiche Ermittler der Kriminalgeschichte haben schon auf der Bühne des Theaters die kniffligsten Fälle gelöst, und noch ist kein Ende in Sicht. Ob lustige Kriminalkomödie oder echt schweißtreibender Krimi-Thriller – das bremer kriminal theater spielt alles, was die Kombination von Krimi und Theater hergibt. www.b-k-t.eu

Tipp: Als Highlight gibt's für Kriminal-Fans an einem Sonntag im Monat ein **Mordsfrühstück**: Zu Kaffee und Croissants servieren die Schauspieler spannende Kriminalgeschichten.

Ganz klein und trotzdem mit dem Flair eines großen Theaters ausgestattet trumpft der **Literaturkeller Bremen** (Schildstr. 21) auf. An mindestens drei Tagen in der Woche sorgen die Schauspieler mit Ein- oder Zwei-Mann-Stücken für eine ausgelassene Stimmung. Du kannst einer von den rund 20 Zuschauern sein und erleben, wie die ganz großen Stücke von Heine, Goethe, Schiller und Co. hier auf die ganz kleine Bühne gebracht werden. Der Clou dabei: Du zahlst nicht vor der Vorstellung, sondern einfach danach. Und zwar nur so viel, wie du für richtig hältst. www.literaturkeller-bremen.de

Die **Schwankhalle** (Buntentorsteinweg 112), eine ehemalige Brauerei, beherbergt in ihren Räumen freie Künstler aller Sparten: Neben einer Vielzahl von kleinen Theaterensembles treten hier auch Tänzer und Musiker auf, bildende Künstler stellen ihre Arbeiten aus und

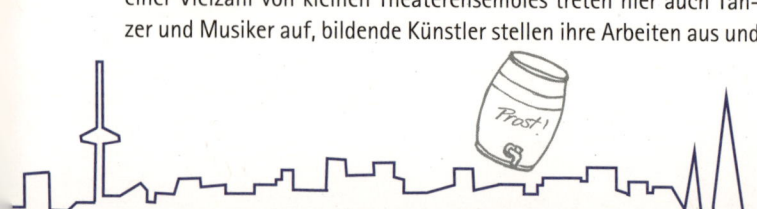

es gibt kleine Festivals, Lesungen und Talkshows. Den kunterbunten Veranstaltungskalender der Schwankhalle findest du unter: www.schwankhalle.de

Open-Air

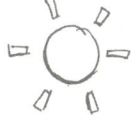

Wenn es Richtung Sommer geht und die Bremer Theaterszene die Freilichtbühnen erobert, wird der Theatergang mit dem Blick in die Sterne gleich doppelt versüßt. Die ganz große Auswahl hast du zwar nicht, aber dafür ein unverwechselbares Theatergefühl unter freiem Himmel.

Was die bremer shakespeare company auf den Brettern ihrer Bühne präsentiert, wirkt unter freiem Himmel irgendwie noch beeindruckender. Jedes Jahr im Sommer bietet das Theater mit **„Shakespeare im Park"** fünf romantische Sommernächte auf der Melcherswiese im Bürgerpark. Da die Shakespeare-Stücke unter dem Einfluss des Bremer Wetters stattfinden, solltest du vielleicht einen Gedanken an regenfeste Kleidung verschwenden. Bei wirklich theateruntauglichem Wetter kannst du kurzerhand zusammen mit den Schauspielern in die Räume der bremer shakespeare company umziehen – der Abend ist gerettet.

www.shakespeare-company.com --> News & Specials
--> Shakespeare im Park

Durch und durch der Frischluft-Theaterkunst verschrieben hat sich die **Freilichtbühne Lilienthal** (Höge 2, Lilienthal) direkt vor den Toren Bremens. Jedes Jahr von Mai bis Mitte September kannst du hier frische Luft und gute Stücke genießen. Neben Aufführungen für das erwachsene Publikum werden oft Märchen auf die Bühne gebracht, die sicherlich auch den kleinen Gästen gut gefallen. Also pack deine Picknicktasche ein, schwing dir eine Decke über die Schultern und denk auch an Kerzen für die Romantik – so sollte einem schönen Theaterabend unter Sternenhimmel nichts mehr im Wege stehen. www.freilichtbuehne-lilienthal.de

//190 Kultur und so

Musical

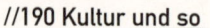

Keine Lust auf klassisches Schauspiel, sondern eher auf Musicals mit poppigen Songs und theatralischen Gesten? Dann statte dem **Musical Theater Bremen** (Richtweg 7-13) einen Besuch ab. Der große Saal mit mehr als 1.400 Plätzen hatte es bei den Bremern nicht immer ganz leicht und hat schon den ein oder anderen Besitzer kennengelernt, aber davon solltest du dich nicht irritieren lassen. Regelmäßig wechselnde Betreiber garantieren immerhin auch Abwechslung für deine Ohren, oder? Im Programm ist alles von Abba und Shrek über Musical-Klassiker wie Phantom der Oper bis hin zu Shows wie Stomp und Carmina Burana. www.mehr.de

Von Comedy bis Varieté

--> Spielstätten
--> Musical Theater Bremen

Das **GOP Varieté-Theater** (Am Weser-Terminal 4) ermöglicht dir ein unverwechselbares Show-Erlebnis mitten in der schicken Überseestadt. Mit rund 400 anderen Gästen erlebst du hier an 4er- bis 6er-Tischen Akrobatik, Komik, Tanz und Magie – optional auch mit einem kulinarischen Begleitprogramm direkt am Tisch.

Bist du nach der Vorstellung ganz verzaubert, geh einfach in den schicken Adiamo Dance Club und tanz noch ein bisschen weiter. Bereits vorher kannst du dich im hauseigenen Restaurant Leander stärken, das mit seinen Buffets ebenfalls die ganz große Show bietet. www.variete.de/bremen

Das **Fritz Bremen** (Herdentorsteinweg 39), in dem man tatsächlich zum Lachen in den Keller geht, ist ein Unterhaltungstheater mit Leib und Seele. Von den knallroten Stühlen aus kannst du ein kunterbuntes Programm aus Comedy-, Kabarett-, Musical- und Konzertabenden verfolgen. Willst du während der Show einen Drink oder Snack genießen, bist du im Fritz mit seiner stylischen Bar gut bedient.

Ab und zu bietet das Theater sogar Shows mit einem kompletten Dinner an. Manchmal werden die Stühle auch für Mitschunkel-Schlager-Sausen beiseite geschoben. www.fritz-bremen.de

Das **Theaterschiff Bremen** (Tiefer 104/ Anleger 4, direkt an der Wilhelm-Kaisen-Brücke) ist ein ganz besonderes Theater. Mitten auf der Weser kannst du mit knapp 300 weiteren Gäste in zwei Theatersälen Komödien und Kabarett erleben. Nach der Veranstaltung lohnt sich ein

Besuch des Bistros „Bühne 3", das mediterranes Flair in den hohen Norden bringt. Jeden Montag gibt es hier ab 21.00 Uhr „Jazz on Board" mit Jazzmusikern aus ganz Norddeutschland. Ahoi und volle Fahrt voraus auf dem Theaterschiff Bremen!
www.theaterschiff-bremen.de

Das **Packhaustheater** (Wüstestätte 11) im süßen Bremer Schnoor hat sich ganz dem Humor verschrieben. Unter dem Motto „Wir bringen Bremen zum Lachen" kommen hier lustig-leichte Komödien auf die Bühne. Und darüber hinaus bringt das Theater sogar noch echte Prominenz auf die Bretter, denn Klimbim-Legende Ingrid Steeger gehört mit zum Ensemble. Sie und die anderen Schauspieler sorgen sicherlich für die ein oder andere kleine Lachfalte in deinem Gesicht. www.packhaustheater-im-schnoor.de

Improtheater

Beim **Improtheater Bremen** ist der Name Programm. Wenn die Schauspieler im Kino City46 (Birkenstr. 1) die Bühne betreten,

haben sie keinen einzigen einstudierten Textfetzen im Kopf, alles wird aus dem Stegreif gespielt. Und wenn du einmal selbst dein Theater- und Improvisationsgeschick ausprobieren möchtest, ist das auch möglich, denn die Improschule Bremen hält ein großes Kursangebot bereit.
www.improtheater-bremen.de

Inflagranti bezeichnet sich selbst als „Theater ohne Konservierungsstoffe". An unterschiedlichen Spielorten zeigen die zehn Schauspieler, wie sie die Zurufe aus dem Publikum spontan in ein unberechenbares Stück verwandeln. Dazu bringt das Improtheater die erste improvisierte Daily Soap auf die Bühne, in der die Schauspieler zu Angestellten des Bremer „Schnoor Hotels" werden.
www.inflagranti-bremen.de

Planetarium

Willst du den Sternenhimmel sicherheitshalber nicht im Freilichttheater, sondern gut geschützt im gemütlichen Sessel genießen, lohnt sich für dich ein Besuch in **Olbers Planetarium** (Werderstr. 73). Auch wenn es draußen stürmt und regnet, hast du hier den ganz privaten Draht zum wolkenlosen Himmel oder reist direkt zu den Planeten unseres Universums. Das wechselnde

Tiere in der Manege?

Einen Tier-Zirkus wirst du in Bremen aus Tierschutzgründen nicht finden. Denn in der Hansestadt wird auf öffentlichem Grund einem Programm mit Wildtieren keine Auftrittserlaubnis mehr gewährt. Wilde Alligatoren, fauchende Löwen und rassige Rüsseltiere fühlen sich in freier Wildbahn auch sicher wohler.

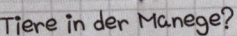

Programm lässt keine Langeweile aufkommen. Und hast du dich doch mal ins Kinderprogramm verirrt, ist es ehrlich gesagt auch mal ganz süß, eine Maus im Mond zu erleben …
http://planetarium.hs-bremen.de

Museen

Eigentlich ist Bremen selbst schon ein Museum, gibt es doch auf den Straßen und in den kleinen Gassen so vieles zu entdecken. Aber natürlich wartet die Hansestadt auch mit dem ein oder anderen Museum auf. Dank wechselnder Sonderausstellungen kannst du in einigen Museen problemlos immer wieder vorbeischauen.

Das **Übersee-Museum** (Bahnhofsplatz 13) zeigt das, was es in Bremen sonst normalerweise nicht gibt: Alles aus fernen Ländern. Unter dem Motto „Die Welt unter einem Dach" kannst du hier die Kultur ferner Kontinente erleben und dabei oft selber aktiv werden. Jeden  zweiten Donnerstag im Monat gibt's das „Museumsgespräch", bei dem du in den Genuss von Vorträgen, weiterreichenden Infos zu den Ausstellungen und einem vertieften Blick hinter die Kulissen kommst. www.uebersee-museum.de

Im **Focke-Museum** (Schwachhauser Heerstr. 240) bekommst du die geballte Ladung Bremer Stadt- und Kulturgeschichte. In vier Gebäuden gibt's hier alles zu sehen, was du brauchst, um später bei deinen Freunden einen auf perfekten Historiker zu machen. Das

//194 Kultur und so

Focke-Museum bietet wechselnde Sonderausstellungen, meist zu Kunst, Design und Fotografie. Und wenn dir nach deinem Besuch vor lauter neuem Wissen der Kopf qualmt, kannst du ihn gleich auslüften: Das gesamte Museum ist von einem Park umgeben, in dem diverse botanische Besonderheiten wachsen.
www.focke-museum.de

In die **Kunsthalle Bremen** (Am Wall 207) kann man sich wirklich verlieben. Mehr als 600 Jahre Kunstgeschichte schlummern hier und wollen bestaunt werden. Gemälde, Skulpturen und das beeindruckende „Kupferstichkabinett" mit historischen Handzeichnungen und Druckgrafiken bringen die Augen der Besucher zum Leuchten. Regelmäßige wechselnde Ausstellungen, von kleineren Künstlern bis zu den richtig Großen im Business, finden in der Kunsthalle Bremen allesamt ihr Plätzchen. Immer nur gucken ist dir zu langweilig? Dann kannst du auch selber mitmachen, indem du einen der vielen Workshops besuchst oder bei Atelierkursen deine eigenen künstlerischen Talente zu Tage förderst. www.kunsthalle-bremen.de

Die **Weserburg** (Teerhof 20) liegt mitten auf der Weser und ist Anlaufstelle Nummer eins für alle Liebhaber der modernen Kunst seit den 1960ern. Die macht hier richtig Spaß, denn die ausgefallenen, irren und absurden Ideen der Künstler werden in diesem Haus Realität.

Darüber hinaus hast du hier oft die Möglichkeit, mit den Künstlern ins Gespräch zu kommen oder dir ein gutes Konzert anzuhören. Als besonderes Schmankerl gibt's jeden Mittwoch das vegane Kochprojekt „zum penGwyn". Was beweist, dass Kunst und Kulinarisches super zusammenpassen. Also, Kunst für die Augen, leckeres Essen für den Gaumen und Musik für die Ohren, was will man mehr? www.weserburg.de

Der **St. Petri Dom** (Sandstr. 10-12) ist eigentlich schon ein Museum für sich. Ein Besuch dieser evangelischen Kirche im Gotik-Stil lohnt sich daher auf alle Fälle. Im Dom selbst befindet sich auch das **Dom-Museum**, das Funde aus mittelalterlichen Bischofsgräbern, alte Altäre, Gemälde und Wandmalereien zeigt. Dazu kommen regelmäßig wechselnde Ausstellungen, in denen sich alles rund ums Thema Glaube dreht. Vom St. Petri Dom hast du übrigens auch den besten Blick über Bremen. Dafür musst du zwar 265 Stufen erklimmen, aber kannst dann aus genau 98,5 Metern Höhe die Stadt bestaunen.

Oder hast du doch eher Lust, dich ein wenig im Bibelgarten zu entspannen? Mitten in der Bremer City findest du unmitelbar am Dom einen kleinen Garten mit vielen Pflanzen, die auch in der Bibel erwähnt werden. www.stpetridom.de

Ganz große Kunst in Form von moderner und zeitgenössischer Bildhauerei gibt's im **Gerhard-Marcks-Haus** (Am Wall 208) zu sehen. Klassiker von Moore bis Giacometti werden hier ausgestellt, aber auch jungen Künstlern aus der Bildhauerei-Szene gibt das Museum eine Chance. Gegründet wurde es in den 1960er Jahren vom deutschen Bildhauer Gerhard Marck. Inzwischen ist die Sammlung auf 400 Skulpturen, über 14.000 Handzeichnungen und mehr als 1200 Druckgrafiken angewachsen. Selber aktiv werden ist hier allerdings nicht angebracht – Hammer und Meißel solltest du also bitte zu Hause lassen. www.marcks.de

//196 Kultur und so

Konzert Kinosessel
Klassik
Theater
Poetry-Slam

Die **Museen Böttcherstraße** (Böttcherstr. 6-10) sind zwei einzigartige Museen, die aber ganz praktisch miteinander verbunden sind: So findest du im ältesten Haus der süßen Böttcherstraße das **Ludwig Roselius Museum**. Von außen kannst du die waschechte altbremische Backsteinfassade betrachten, innen erwarten

dich Kunstwerke aus ganz verschiedenen Epochen. Von Mittelalter bis Barock ist alles dabei – ganz nach dem Geschmack des Bremer Kaufmanns und Kaffee-Urgesteins Ludwig Roselius.

Gleich nebenan, im **Paula Modersohn-Becker Museum**, gibt's ebenfalls Kunst. Das Haus ist das erste Museum weltweit, das ausschließlich einer einzigen Malerin gewidmet wurde. Schon das Gebäude selbst wird dich durch seine expressionistische Architektur in den Bann ziehen. Rund 50 einzigartige Gemälde der Künstlerin kannst du hier anschauen und auch einen Blick auf 500 ihrer Skizzen und Zeichnungen werfen. Einmal im Monat veranstalten die Museen der Böttcherstraße übrigens ein Kunstfrühstück mit leckerem Kaffee und Keksen.

www.museen-boettcherstrasse.de

Im Alten Packhaus Vegesack (Alte Hafenstr. 30) befindet sich das **Overbeck-Museum**. Hier sind die Werke des Original-Bremer

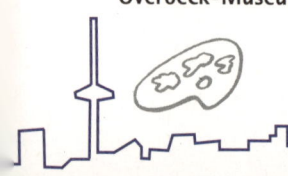

Malerpaares Fritz und Hermine Overbeck ausgestellt, außerdem werden zu den beiden passende Themen, wie etwa die Landschaftsmalerei, aufgegriffen. www.overbeck-museum.de

Die **Gesellschaft für Aktuelle Kunst** GAK (Teerhof 21) ist immer einen Schritt voraus. Bevor sich die Gegenwartskunst woanders zum Mainstream etablieren kann, wird hier gezeigt, was so richtig aktuell und manchmal auch etwas abgehoben ist. Das experimentierfreudige Kunstlabor ist vor allem bei jungen

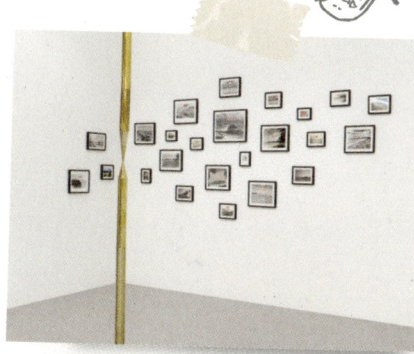

Künstlern sehr beliebt. Für deinen Besuch musst du aber kein super Kunstexperte mit einem Koffer voller Kunstwissen sein. Nein, ganz im Gegenteil, die GAK bietet auch dem unbedarften Betrachter ganz großes Kunst-Kino. Und wenn du an einem Donnerstag vorbeischaust, kannst du auf Vorträge, Lesungen, Konzerte und, und, und gespannt sein. Also, trau dich! www.gak-bremen.de

Das **Universum Bremen** (Wiener Str. 1a) verrät schon mit seinem Namen, dass du hier eine besondere Sphäre betrittst. Mensch, Erde und das Universum werden dir vor Ort auf unterhaltsame Art und Weise vorgestellt. An fast jeder Station gibt's was zum Anfassen, Kurbeln, Ziehen oder Messen. Kurz: Lass das innere Kind in dir raus und spiele dich durch die Exponate. Lohnenswert ist auch ein Besuch der SchauBox mit immer wieder neuen Ausstellungen. www.universum-bremen.de

Dass Bremen eine Hansestadt ist, weiß jeder. Doch wie es im Hafen wirklich zuging, das lernst du im **Hafenmuseum Speicher XI** (Am Speicher XI 1), wo du in 120 Jahre Hafengeschichte abtauchen

//198 Kultur und so

Konzert **Kinosessel**
Klassik
Theater
Poetry-Slam

kannst. Von der Entstehung der Häfen bis zu den Berufen, die damals im Hafen so angesagt waren, wird dir im Hafenmuseum Speicher XI alles erklärt. Künstlerische Sonderausstellungen bringen Abwechslung ins Museum und ein gutes Stück Kreativität in den sonst eher bodenständigen Hafen-Alltag. www.hafenmuseum-speicherelf.de

Tipp: Eine Führung mit einem echten Kapitän, der aus dem Nähkästchen plaudert und dir die alten Seemanns-Geschichten auftischt.

Das **Bremer Geschichtenhaus** (Wüstestätte 10) nimmt dich mit auf eine große Reise durch die Bremer Zeitgeschichte. Die Schauspieler des Museums erobern mit dir das 17. bis 20. Jahrhundert und bringen dir die Bremer Stadtgeschichte näher. Das Ganze ist ein wahres Mitmach-Museum zum Hören, Sehen, Schmecken und Anfassen und jede Führung ist abwechslungsreich und ganz individuell. Aber pass auf, du wirst bestimmt der einen oder anderen Bremer Berühmtheit begegnen. Vom maritimen Seemann bis zur gefährlichen Giftmörderin kommt hier einiges auf dich zu.
www.bremer-geschichtenhaus.de

Das **Wilhelm Wagenfeld Haus** (Am Wall 209) hat sich ganz dem Design verschrieben. Auf zwei Geschossen kannst du in der umfangreichen Sammlung die Designkultur des 20. und 21. Jahrhunderts nachverfolgen. Wenn du auf ausgefallenes Design und neue Kreationen stehst, ist dieser kleine Geheimtipp sicherlich das Richtige für dich: Regelmäßig stellt hier die Hochschule für Künste

die besten Stücke junger internationaler Produktdesigner aus. Sie beweist damit erstens, dass das Design von morgen vielleicht schon bald aus der Hansestadt kommt, und zweitens, dass Kunst auch durch den Magen geht. Regelmäßg steht der betreuende Professor nämlich selbst am Grill und brutzelt leckere Würstchen.
www.wwh-bremen.de

Dass König Fußball auch in Bremen zu Hause ist, hast du bestimmt schon mitbekommen. Im Werder-Museum mit dem augenzwinkernden Namen **Wuseum** (Franz-Böhmert-Str. 1) bist du den Werderanern und der Vereinsgeschichte ganz nahe. Dort präsentiert der Verein stolz seine großen Spieler und die einzigartigen Siege und Triumphe. Natürlich sind auch Originaltrikots und Meisterschalen ausgestellt. Daneben deckt das Wuseum auf, dass sich hinter den Mauern des wuchtigen Weserstadions so manche Kuriosität abgespielt hat. In einem Quiz wird dein Werder-Wissen abgecheckt und über zahlreiche Bildschirme flimmern die schönsten Momente des Vereins. Ein wunderbares Museum für alle Fußball-Fans.
www.weserstadion.de

--> Besucher-Service
--> Werder-Infos: Wuseum, Tickets, Führungen

Konzerte

Schön was auf die Ohren zu bekommen ist immer gut, oder? Vor allem dann, wenn die Musik nicht aus der Konserve dudelt, sondern live vor deinen Augen und Ohren entsteht. Von der großen Bühne bis hin zur kleinen Kneipe ist in Bremen musikalisch immer was los. Und das Beste: Für jeden Geschmack bietet die Hansestadt das Passende. Ob Chöre, Orchester, Bands oder Popstars – sie alle statten Bremen mal einen Besuch ab.

Populär und mehr

Die **ÖVB Arena** (Theodor-Heuss-Allee) ist die Mega-Halle in Bremen. Es ist gar nicht möglich, diesen Koloss von Gebäude direkt am

//200 Kultur und so

Konzert **Kinosessel**
Klassik
~~Theater~~
Poetry-Slam

Bremer Hauptbahnhof zu übersehen. In der ÖVB Arena finden außer Sportveranstaltungen und Messen vor allem die ganz großen Konzerte statt. Mit 14.000 Plätzen für mitrockende Zuschauer ist Stadionatmosphäre an der Tagesordnung. www.oevb-arena.de

Gleich nebenan ist mit der **Halle 7** (Theodor-Heuss-Allee) die „kleine Schwester" der ÖVB Arena zu Hause. „Klein" ist aber relativ, denn in die Halle passen an die 7.000 Menschen und auch hier geben sich die Stars die Klinke in die Hand. Übrigens erwartet dich zu Bremens fünfter Jahreszeit, dem Freimarkt, in Halle 7 die Party nach der Party. Wurdest du im Karussell ordentlich durchgeschüttelt oder hast im Bayernzelt die ein oder andere Maß gehoben? Dann geht für dich die Sause in Halle 7 weiter. www.halle-7.de

Im **Pier2** (Gröpelinger Fährweg 6) im Hafen von Bremen stürmen regelmäßig Hip-Hopper, Rocker und Popmusiker die Bühne. Außerdem treten viele bekannte Kabarettisten und Comedians auf. Du kannst als einer von rund 2.000 Gästen dabei sein und dich von dem bunten Programm mitreißen lassen. www.pier2.de

Früher war das **Lagerhaus** (Schildstr. 12-19) ein Verwaltungsgebäude, in den 1970ern wurde es besetzt und hat sich im Laufe der Jahre zu einem ausgewachsenen Kulturzentrum gemausert. Im Lagerhaus gibt's unterschiedlichste Musik auf die Ohren. Viele internationale Künstler mit poppigen, rockigen und Indie-Tönen gehen hier an den Start und zeigen in einer urban-alternativen und kneipig-kultigen Atmosphäre, was ihre Instrumente so drauf haben. www.kulturzentrum-lagerhaus.de

Theater Konzert
Kinosessel Klassik //201
Poetry-Slam

Der **Bluesclub Bremen** und das **Meisenfrei** (Hankenstr. 18) sind echte Institutionen in der Bremer Musikszene. Wer von Blues bis Heavy Metal über Punk bis hin zu Ska nichts scheut, ist hier genau richtig. Aber auch seichtere Töne werden angeschlagen, irgendwie ein fröhlicher Mix aus allem. Die Künstler reichen vom Lokalmatador bis hin zu internationalen Gesichtern. Älteres Publikum fühlt sich hier zwar auch heimisch, aber diese Kneipen zeigen, dass sich Alt und Jung prächtig verstehen und gemeinsam gute Musik genießen. Die beiden Lokale sind direkt nebeneinander und doch irgendwie eins. www.bluesclub-bremen.de www.meisenfrei.de

Das **Litfass** (Ostertorsteinweg 22) ist mehr als nur irgendeine weitere Kaffeebar in Bremen. Nein, hier gibt's große Kultur in einem urban-kultigen Ambiente mit Kunst an der Wand und leckerem Kaffee in der Tasse. Abends verwandelt sich das Café in eine Musik-Bar. Jeden ersten Montag im Monat gibt's Jazz, Funk und Soul zum Mitgrooven. Alle zwei Monate werden die Casino Brüder aus den USA eingeflogen und sorgen mit ihrem „Las-Vegas-Sound" garantiert für Übersee-Feeling. www.litfass-bremen.de

Musik auf See gibt's auf dem Schiff **MS Treue** (Schlachte Anleger 5) an der Weserpromenade. Das 1943 erbaute Wassergefährt transportierte früher Holz und Kohle und war nach der Stilllegung zunächst eine Motorradwerkstatt. Jetzt gibt's hier regelmäßig unterschiedliche Konzerte. Ob Popmusik oder Country-Sounds, auf der MS Treue kannst du ein buntes Programm erleben. Und am Wochenende verwandelt sich das Schiff in einen kultigen Club. www.mstreue.de

Klassik und Jazz

Die **Glocke** (Domsheide 6-8) ist DAS Bremer Konzerthaus. Am zentralsten Platz in der Bremer Innenstadt, der Domsheide, erwarten dich klassische Konzerte – die eine oder andere Jazz-Veranstaltung

//202 Kultur und so

Konzert Kinosessel
Klassik Theater
Poetry-Slam

mogelt sich aber auch mal dazwischen. Pianisten, Sopranisten und Violinisten betreten hier die Bühne und verzaubern dich mit ihren Fertigkeiten. Nicht nur die Musik ist klassisch, sondern auch die zwei Konzertsäle ziehen in klassisch-schicker Optik in ihren Bann. Im großen Saal gibt's etwa 1400 Plätze, im kleineren rund 430 Sitzmöglichkeiten.

Dass Klassik auch überraschend und unkonventionell sein kann, beweist die Glocke mit ihren zahlreichen ausgefallenen Veranstaltungen. So gibt's am Mittwoch das „5nachsechs Afterwork Konzert", wie der Name schon sagt, pünktlich um fünf Minuten nach sechs. Und wenn du willst, kannst du die Glocke sogar Backstage erleben. Regelmäßig finden Führungen statt, bei denen du mal einen Blick hinter die Kulissen werfen und auf einer großen Konzertbühne probestehen darfst.
www.glocke.de

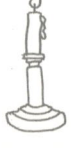

Der **St. Petri Dom** (Sandstr. 10-12) veranstaltet das ganze Jahr über Chor- und Orgelkonzerte. Der Romantiker in dir fühlt sich bei einem der Kerzenlicht-Konzerte in der Adventszeit sicher ganz besonders wohl. Für Neues sorgt die Kooperation mit der Hochschule für Künste. Die Chöre und Orchester zeigen im Dom, was klassische Musik alles kann. Oder wie wäre es gleich mit einer ganzen Nacht voller Chorgesang? Auch das gibt es regelmäßig im St. Petri Dom.
www.stpetridom.de

Bist du ein echter Chor-Crack, empfiehlt es sich, gleich nebenan in der **Cappella della Musica** (Osterdeich 70a) vorbeizuschauen. Hier

hat der Gospelchor sein Zuhause und diverse andere Veranstaltungen rund um Stimme und Gesang werden auf die Beine gestellt. Auch deine eigene Stimme kommt nicht zu kurz: In Workshops kannst du sie zur Singstimme ausbilden, die meisten Angebote sind offen und günstig dazu – du kannst also einfach mal reinschnuppern. www.cappelladellamusica.de

Der **sendesaal Bremen** (Bürgermeister-Spitta-Allee 45) steht unter Denkmalschutz und das aus gutem Grund: durch die Bauweise ist die Akustik einzigartig. Auf gut 250 Plätzen kannst du hier Pianisten und Violinisten, Saxophonisten und andere Klassik-Künstler beim Spielen bewundern. Zwischen der ganzen Klassik versteckt sich aber auch immer mal wieder das ein oder andere poppige Element. www.sendesaal-bremen.de

Konzerte im Theatersaal, wo gibt's das denn? Im Theatersaal der Universität Bremen am Mensasee (Bibliothekstr. 1)! Jeweils dienstags findet in der Mittagspause ein 25-minütiges Konzert statt. Also, Musik lauschen und ein bisschen was essen – das klingt doch nach Entspannung pur zwischen den stressigen oder eher langatmigen Vorlesungen. Ein buntes Programm aus Klassik und Chorgesang wartet auf dich, aber auch spanische Musik und feuriger Tango entern mal die Bühne. Donnerstags gibt's abends was auf die Lauscher und sonntags ganz gepflegt zur Kaffeestunde. www.konzerte.uni-bremen.de

Egal, ob Jazz, Folk oder Klassik – Konzerte in einem besonderen Ambiente gibt's im **KITO** (Alte Hafenstr. 30). Im romantisch-holzigen Flair eines rund 350 Jahre alten Packhauses macht Musikmachen und Zuhören besonders viel Spaß. Auf der Bühne findet viel Experimentelles statt, aber auch die eine oder andere klassische Darbietung ist zu sehen. www.kitoinbremen.de

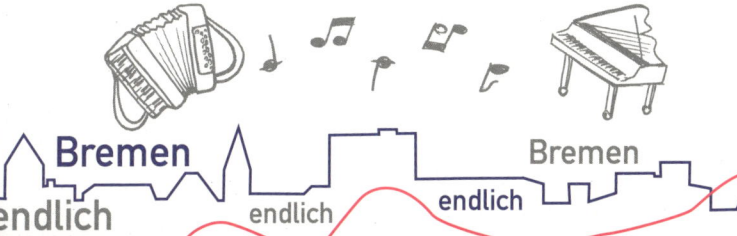

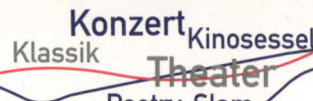

Literatur

Literatur versteckt sich ja meistens zwischen zwei Buchdeckeln – oder auch irgendwo im Internet. Klar kannst du dir das dann zuhause auf der Couch zu Gemüte führen. Ein echtes Erlebnis wird daraus aber dort, wo Literatur live geboten wird.

Zur Vorbereitung deines Ausflugs ins literarische Leben lohnt sich ein Besuch auf der Homepage des **Literaturhaus Bremen**. Hier findest du fast alle Literatur-Termine in der Hansestadt, ein Audioarchiv und eine Autoren-Datenbank. Das Angebot des Literaturhauses ist in Deutschland einzigartig und wurde schon mit vielen Preisen ausgezeichnet. www.literaturhaus-bremen.de

Im **Bremer Literaturkontor** (Goetheplatz 4) floriert das literarische Leben. Hier gibt's Lesungen und Projektarbeiten, besonders Bremer Autoren bekommen eine Chance und stellen ihre Werke vor. Hast du auch Lust, dich selbst als Autor zu beweisen, kannst du in den Workshops, die in Kooperation mit der Universität Bremen stattfinden, an deine sprachlichen Grenzen gehen. PS: Auch heiß begehrte Autorenstipendien werden hier vergeben!
www.literaturkontor-bremen.de

In der Nacht wird im **Modernes** (Neustadtswall 28) ordentlich Party gefeiert. Doch auch tagsüber bleiben die Türen nicht geschlossen. Hin und wieder stattet nämlich der eine oder andere prominente Autor dem Modernes einen Besuch ab und präsentiert sein neues Werk. Dabei wird dir vor allem Literatur mit Unterhaltungsanspruch geboten. www.modernes.de

In der **Villa Ichon** (Goetheplatz 4) finden auch regelmäßg Lesungen statt. Meistens in Verbindung mit der Kunst, die in der nahegelegenen Kunsthalle Bremen präsentiert wird. www.villa-ichon.de

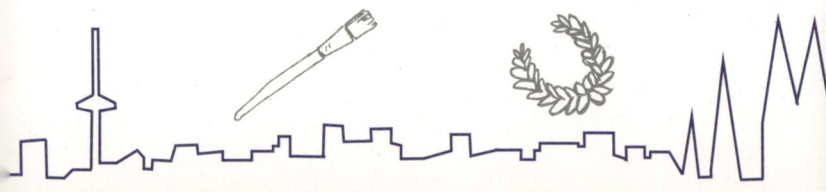

Besondere Buchhandlungen

In der **Buchhandlung Storm** (Langenstr. 11) gibt's nicht nur neue Bücher zu entdecken, sondern auch ein Antiquariat und regelmäßige Lesungen. Ob Romane mit Lokalkolorit oder Werke von internationalen Autoren, in dieser Buchhandlung ist das Programm so bunt wie die Auswahl in den Bücherregalen. www.storm-bremen.de

Der **Buchladen Ostertor** (Fehrfeld 60) wurde in den 1970er Jahren gegründet und bot zunächst viel Lesestoff zu Themen wie alternativen Lebensformen, Emanzipation und Anti-Atomkraft. Heutzutage ist das Angebot aber vielfältiger, Bücher aus den Bereichen Psychologie, Politik, Kunst und Grafik sowie Design sind im Sortiment – aber auch Kinderbücher findest du im Regal.
www.buchladen-ostertor.de

Bei **Amazing Grace** (Gastfeldstr. 165) gibt's jede Menge christliche Bücher und Geschenke. Interessierst du dich für Literatur rund um den Glauben, Gott und Philosophie, dann wirst du hier sicherlich fündig. www.amazing-grace-bremen.de

Poetry-Slam

Keine Lust auf starre Stühle und ruhige Atmosphäre? Beim Poetry-Slam gibt's richtig Action und hier darf ordentlich mitgefeiert werden. Klatschen, Jubeln und Geheule ist ausdrücklich erwünscht – die Stille kannst du getrost zu Hause lassen.

Jeden zweiten Donnerstag im Monat gibt's den **Slam Bremen im Lagerhaus** (Schildstr. 12-19). In je sieben Minuten geben die Wortkünstler dabei alles. Eine Jury und das Publikum entscheiden gemeinsam, wer Slam-KönigIn wird. Willst du mitmachen, geht das per Anmeldung oder ganz spontan vor Ort. Aber Achtung: Die Veranstaltung war schon Bühne für den einen oder anderen unfreiwilligen Youtube-Star. www.slam-bremen.de

//206 Kultur und so

Konzert Kinosessel
Klassik
Theater
Poetry-Slam

Das **Slammer Filet** gibt's nun schon seit sechs Jahren und es hat schon so einige Locations in Bremen zum „Mitslammen" gebracht. Unterhaltsam wird's auf alle Fälle, wenn die mutigen Slammer in gerade mal fünf Minuten das Publikum mit ihren selbst geschriebenen und gebastelten Texten zu überzeugen versuchen. Mit ein wenig Glück wirst du sogar als Jurymitglied ausgewählt und darfst fleißig Punkte verteilen. Die besten drei Lautpoeten treten dann in einem Finale nochmal gegeneinander an und du und das Publikum könnt dann den Sieger küren – mit tosendem Applaus, dem wahren Brot des Künstlers. www.slammer-filet.de

Und wie war das nochmal mit dem Märchen ...

Du erinnerst dich schon ganz richtig. Die **Bremer Stadtmusikanten** sind die Promis schlechthin in der Hansestadt. Berühmt wurden sie durch die Brüder Grimm, in Bronze gegossen und in Bremen aufgestellt von Gerhard Marcks im Jahr 1951. So haben der Esel, der Hund, die Katze und der Hahn den Bremer Marktplatz immer gut im Blick. Das Märchen von den vier sympathischen Tieren ist also wirklich eine Pflichtlektüre, wenn's dich nach Bremen verschlägt.

s. auch „Bremen fiktiv", S. 234

Festivals

Wenn Kultur zum großen Ereignis wird, dann ist ein Abend einfach nicht genug. Dann heißt das Ganze „Festival"! Und dass dabei nicht nur ein paar Bands auf einer Bühne stehen müssen, das zeigt die bunte Festival-Landschaft in Bremen.

Mit viel Musik und Literatur startet das **Nordlicht Festival** das kulturelle Frühjahr in Bremen. Im Pier2 (Gröpelinger Fährweg 6) und auf dem benachbarten Schiff MS Oceana findet jährlich das erste Bremer Indoor-Festival statt. Bei den Bands sind schon die einen oder anderen bekannten Gesichter dabei, wie zum Beispiel Flo

Mega oder Olli Schulz. Und das Literaturprogramm fesselt auch.
www.nordlicht-bremen.de

Die Gitarren werden beim **Singer-Songwriter Festival** auf der Waldbühne im Bürgerpark (Parkallee) ausgepackt. In romantischer Parkatmosphäre kannst Du hier Gezupftem, Geschrammel und dem Gesang lauschen, der die Kehle der Künstler verlässt.
www.waldbuehne.com

Als internationale Musikfachmesse für das Genre Jazz präsentiert sich die **jazzahead!** im Congress Centrum Bremen (Findorffstr. 101). Aber mal ehrlich: Das ist irgendwie auch ein Festival im Tarnanzug! Wenn drei Tage lang Jazzmusiker aus der ganzen Welt Bremen mit Stil und Passion bereichern, ist nicht nur das Fachpublikum begeistert, sondern jeder mitwippende Besucher. Bei der Clubnight kannst du in Locations in und um Bremen zudem vom späten Nachmittag bis tief in die Nacht jede Menge Konzerte besuchen. Tickets und einen genauen Überblick über das Festival erhältst du auf:
www.jazzahead.de

Die **Lange Nacht der Museen** lädt dich jedes Jahr in einer Samstagnacht im Mai zum Besuch der Bremer Museen und Galerien ein. Aber dabei bleibt es natürlich nicht: Es gibt obendrauf ein abwechslungsreiches Programm mit Musik, Theaterstücken, Lesungen, Führungen und unzählige kulinarische Verpflegungsmöglichkeiten. Mit dem einmaligen Eintrittspreis erhältst du ein Armband und damit den Zutritt zu allen Veranstaltungsorten. Welche das

//208 Kultur und so

Konzert Kinosessel
Klassik
Theater
Poetry-Slam

sind und unter welchem Motto die „Lange Nacht der Museen" steht, erfährst du auf: www.museeninbremen.de

--> Lange Nacht der Bremer Museen

Im **Schlachthof** (Findorffstr. 51) gibt's für junge Theaterbegeisterte alle zwei Jahre zu einem neuen Schwerpunktthema das **Explosive! Festival**. Das dargebotene Schauspiel- und Tanztheater ist meist experimentell – immer aber mit einer extra Portion Innovation gespickt. Schließlich hat das Festival sich auf die Fahnen geschrieben, Schubladen-Denken und starre Theaterregeln aufzubrechen und neue Theaterformen zu wagen. www.explosivefestival.de

Wenn es um die große Leinwand geht, gibt es in Bremen gleich mehrere Festival-Gelegenheiten, die du in deinen Kalender aufnehmen solltest. Beim Filmfestival **Cinebrasil** begeistern brasilianische Filme und Filmemacher. Schon seit vielen Jahren hat der brasilianische Film so ein zweites Zuhause im Kommunalkino Bremen. Ausführliche Infos: www.cinebrasil.info

Beim **Queerfilm-Festival** sind nicht nur „Gays and Friends" Jahr für Jahr eingeladen, sich von den neuesten Filmen unterhalten, anstacheln und herausfordern zu lassen. www.queerfilm.de

Und zuletzt bietet das **Bremer Symposium zum Film** den passenden intellektuellen Rahmen, um Wissenschaft, Cineasten und Filmemacher zusammen an einen Tisch – und natürlich in den Kinosessel – zu bekommen. Das Symposium ist eine Kooperation der Uni Bremen und des Kommunalen Kinos. Alle Infos dazu unter: www.city46.de --> Symposium

Theater Konzert
Kinosessel Klassik
Poetry-Slam

Auch die Literatur-Szene lässt Bremen nicht im Regen stehen, wenn es um einen Beitrag zum Festival-Kalender geht. Einmal jährlich steigt in Bremen das Literaturfestival **Poetry on the road.** Aber auf der Straße zeigen die Lyriker schon lange nicht mehr, was sie drauf haben. Das Festival ist so beliebt, dass sich von Jahr zu Jahr immer größere Hallen mit begeisterten Zuschauern füllen.

Nichts verpassen?!

Zum Glück gibts ja Veranstaltungskalender. Und weil in einem nie alles drinsteht, hier gleich drei für die Rundum-Information:

www.bremen.de
   --> Veranstaltungen
www.mix-online.de
www.termine.weser-kurier.de

Neben deutschen Lyrikern tragen hier auch viele internationale Künstler ihre Gedichte, Lieder und Texte vor – internationales Flair ist dir somit garantiert. Das Festival dauert fünf Tage und macht ganz Bremen so lange zum literarischen Stern am bundesdeutschen, vielleicht sogar internationalen Kulturhimmel.
www.poetry-on-the-road.com

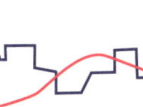

Das **festival contre le racisme** schließlich macht Jahr für Jahr im sommerlichen Bremen mobil gegen Ausgrenzung und Fremdenhass. Mit einem bunten Programm aus politischen und kulturellen Veranstaltungen wird hier mit Seminaren, Vorträgen, Ausstellungen, Demos, Tänzen, kulinarischen Happenings und vielem mehr gegen Rassismus und für Toleranz gekämpft.
www.hb-contre-le-racisme.blogspot.de

Musik

Musik

Bierbank

Musik

Straßenfest Feiern Fe

Straßenfest Feie

Musik

//212 feste Feste

Das Klischee vom kühlen, zurückhaltenden Bremer mag auf viele Lebensbereiche zutreffen, in einem Punkt sieht die Realität aber anders aus: Eine stattliche Anzahl an jährlich stattfindenden Festen beweist, dass man in Bremen gut und ausgelassen feiern kann.

Das ist übrigens nichts Neues: Viele der Bremer Feste haben bereits eine jahrhundertelange Tradition. So hast du jetzt das Glück, in allen vier Jahreszeiten feiern zu können. Und wer hätte es gedacht? Bremen hat sogar eine fünfte Jahreszeit, die sonst nirgends in Deutschland existiert. Aber dazu später mehr.

Frühling

Bremer Karneval

Aus dem Winterschlaf erwachen die meisten Bremer schon recht früh im Jahr. Mit bewegenden Rhythmen, bunten Kostümen, Masken und ganz viel guter Laune trommeln sich im Februar bis zu 1.500 Samba-Begeisterte vom Marktplatz durch das komplette Ostertor- bis ins Steintorviertel. Ziel des Samba-Umzugs ist es, der Stadt und ihren Bewohnern die Wintermüdigkeit aus der Fassade und den Gliedern zu treiben.

Die Musik ist ansteckend und so wird ausgelassen getanzt, gelacht und gefeiert. Der Bremer Samba-Karneval ist der einzige seiner Art in Deutschland und hat sich seit seiner Gründung 1986 zu Europas größtem Samba-Karneval entwickelt.
www.bremer-karneval.de

Tipp: Schlüpf selber in eine Verkleidung, misch dich unter die 40.000 Zuschauer und lass dich in der mitwippenden Masse treiben.

Osterwiese

Als „der schönste Markt zur Osterzeit" präsentiert sich die Bremer Osterwiese. Eine Woche vor Karfreitag verwandelt sich die Bürgerweide für zwei Wochen in einen bunten Rummelplatz mit Riesenrad, Krake und Wilder Maus. Nervenkitzel und Frühlingserwachen sind dir hier garantiert und auch für den Gaumenschmaus wird in ausreichendem Maße gesorgt. www.osterwiese.com

Sommer

Vegesacker Hafenfest

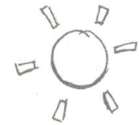

Am ersten Juniwochenende findet im Stadtteil Vegesack das dreitägige Vegesacker Hafenfest statt, eine Veranstaltung, die sich seit den Anfängen des Hafens im 17. Jahrhundert als ein fester Bestandteil der jährlichen Festivitäten in Bremen etabliert hat. Besucher, die das maritime Flair im Hafen und auf der Weser mögen, sind hier genau richtig. Auf mehreren Bühnen hast du die musikalische Wahl zwischen Matrosenchören, Rockbands, Jazzcombos, DJ-Partys und weiteren Veranstaltungen. Neben einer unüberschaubaren Zahl an Fress-Ständen findest du im gesamten Hafengelände außerdem Stände, an denen du dich mit Trödel und Kunsthandwerk eindecken kannst. Im Museumshaven Vegesack stehen historische Schiffe für kostenlose Rundfahrten bereit.
www.hafen-vegesack.de

Haake-Beck-Badeinselregatta

Endlich Badezeit? Das dachte sich auch die Haake-Beck-Brauerei und fordert jeden Sommer 100 Zweierteams dazu auf, sich bei der „Haake-Beck-Badeinselregatta" auf der Weser einem spektakulären Wettbewerb zu stellen. Ziel ist es, auf einer Badeinsel schwimmend allein durch Paddelbewegungen mit Armen und Beinen die Stecke von der Schlachte bis zum Café Sand zurückzulegen. Für die Fans und Schaulustigen am Deichufer gibt es ein musikalisches Rahmenprogramm, das weit in den Abend hineinreicht. Informieren und bewerben kannst du dich unter: www.haake-beck.de

Sommer in Lesmona

Die Deutsche Kammerphilharmonie Bremen bietet einmal im Jahr eine Kult-Veranstaltung für Liebhaber klassischer Musik. Das besondere Ambiente bietet die Parkanlage Knoops Park im Stadtteil Burglesum; für die einzigartige Stimmung sorgen, neben der wunderbaren Musik, die Besucher selbst. Ausgerüstet mit Picknickkörben, Stühlen und Tischen zaubern sie unter freiem Himmel eine Atmosphäre in den Park, die an Sommertage von vor mehr als 100 Jahren erinnert. Das genaue Programm kannst du dir hier anschauen: www.lesmona.de

Musik und Licht am Hollersee

Mindestens genauso idyllisch ist der Konzertabend Musik und Licht am Hollersee. An diesem Abend lassen sich hunderte von großen und kleinen Bremern auf Decken und Stühlen um den Hollersee am Parkhotel nieder, um in gemütlicher Runde ihre selbst mitgebrachten Leckereien zu genießen. Die Musikschule Bremen spielt klassische und neuzeitliche Werke und zum Einbruch der Dämmerung verbreiten Fackeln eine romantische Stimmung. Höhepunkt am Ende des Abends ist ein beeindruckendes Feuerwerk zu Georg Friedrich Händels Feuerwerksmusik.

Wenn du statt einer Picknickdecke lieber einen Sitzplatz mit bestem Blick auf den Hollersee und die Bühne haben möchtest, kannst du den Abend im Parkhotel mit einem mehrgängigen Menü genießen. Passende Arrangements findest du hier:
http://hotel-bremen.dorint.com --> Termine
--> Musik und Licht am Hollersee

Breminale

Mitten im Sommer verwandelt sich der Osterdeich für fünf Tage in ein Festivalgelände. Auf einer sonst ganz friedlichen, grünen Wiese am Weserufer werden dann große rot-weiße Veranstaltungszelte errichtet – es ist Breminale. Hier kannst du kostenlos eine bunte Mischung aus Live-Musik, Theaterspiel und Markttreiben erleben. Be-

reits in den Mittagsstunden startet das Programm und lädt Besucher jeden Alters zum Tanzen, Spielen und Mitmachen ein. Egal, ob du von drinnen oder draußen zuhörst, die Zelt-Konzerte unterhalten dich, deine Freunde und den ganzen Deich bis in die Nacht hinein. http://breminale.sternkultur.de

La Strada

Straßenkünstler aus der ganzen Welt präsentieren sich bei dem internationalen Straßenzirkusfestival „La Strada" in der Bremer Innenstadt. An vier Festival-Tagen, meist im Juli, spielen, klamauken und erzählen die Künstler und begeistern ihr Publikum. Fantastische Installationen gehören genauso zum Programm wie wilde Jongliereinlagen, improvisierte Clown-Shows sowie Tanz und Akrobatik. Die Künstler reißen so manches Mal die vierte Wand und somit die Distanz zum Besucher ein. Wenn du also Pech bzw. Glück hast, landest du selbst auf der Bühne.

Schön ist es, sich in dem Trubel einfach treiben zu lassen. Allerdings können dir die insgesamt rund 100.000 Zuschauer die gute Sicht schon mal erschweren. Du solltest dir also gezielt und rechtzeitig einen Platz sichern. Das Programm und weitere Informationen findest du auf: www.strassenzirkus.de

Bremer Weinfest

Im August jeden Jahres findet am Wall in der Contrescarpe sowie auf dem Hillmann- und dem Loriotplatz das Bremer Weinfest statt. Winzer, Weinliebhaber und Genießer schwenken hier den Saft der Traube und lassen Weine aus verschiedenen deutschen Anbauregionen atmen. Zusätzlich werden Weine aus Europa und Übersee angeboten. An den vielen Tischen findest du als Besucher eigentlich immer noch ein Plätzchen. Nur auf der Terrasse oder im Bistro des Weinfest-Veranstalters Delikatessenhandel Grashoff (Contrescarpe 80) musst du rechtzeitig reservieren. Es gibt Live-Musik und als besondere Attraktion einen Kellner-Wettlauf um den Titel des schnellsten Kellners Bremens. www.grashoff.de --> Weinfest

Herbst

swb-Marathon

Kommen dir an einem goldenen Herbstsonntag unzählige motivierte, verschwitzte, leichtfüßige oder auch völlig erschöpfte Läufer und Läuferinnen entgegen? Dann ist der swb-Marathon in vollem Gange. Er findet seit 2005 in Bremen statt. Um die guten 42 Kilometer im kleinen Bremen zusammenzubekommen, schlängelt sich die Laufstrecke vom Rathaus durch die gesamte Stadt bis zum Zieleinlauf am Roland. Außerdem gibt es auch einen Halbmarathon

und einen 10-Kilometerlauf. Bereits am Samstag startet der AOK-Frühstückslauf. Dieser dient dem einen oder anderen als Aufwärmprogramm für den Lauf am Sonntag, hat aber den Spaß und das gemeinsame Ankommen im Fokus und weniger den Wettbewerb. Das anschließende Frühstück unterstreicht die familiäre Atmosphäre. Fotos, Streckenverlauf und Anmeldung findest du auf:
www.swb-marathon.de

Bremens fünfte Jahreszeit: Der Freimarkt

Das wohl größte Volksfest im Norden „Ischa Freimaak!" gehört gleichzeitig zu den ältesten Volksfesten Deutschlands. Die Bezeichnung „freier Markt" bedeutet nichts anderes, als dass hier schon vor knapp 1000 Jahren Waren frei angeboten werden durften. Auf den meisten Wochenmärkten galt damals nämlich das Vorrecht der einheimischen Kaufleute, doch auf diesem Freimarkt durfte jeder Kleinhändler und Trödler seine Ware anpreisen.

Über die Jahre verwandelte sich der Warenmarkt in einen Vergnügungsmarkt, wie du ihn heute in den letzten beiden Oktoberwochen auf der Bremer Bürgerweide findest. Unzählige Schausteller und Budenbesitzer breiten dann ihr Angebot aus und begeistern mit Fahrgeschäften, Karussells, Festzelten und einer großen Auswahl an Süßem und Fettigem. Im Bayernzelt, in der Almhütte oder dem Hansezelt wird ein buntes Show- und Partyprogramm geboten. Besonderer Zuschauermagnet in den Abendstunden ist die Halle 7, die mit diversen DJs für die richtige Unterhaltung sorgt und dich mit deinen Freunden das Tanzbein schwingen lässt. Doch nicht nur am Abend ist der Freimarkt gut besucht. Schon mittags drängen

//218 feste Feste

sich die Menschen durch den Bahnhof in Richtung Festgelände. Betriebsausflügler, Kinder, Jugendliche und Senioren spazieren, bummeln, essen, spielen und kaufen auf dem Freimarkt. Weil das Ganze zu manchen Zeitpunkten etwas unüberschaubar werden kann und sich die Menschen von der Masse nicht mehr unterscheiden, solltest du Wertsachen entweder wirklich sicher verstauen oder zu Hause lassen. Außerdem gilt auf dem Gelände des Freimarktes ein Verbot für Hunde, Waffen, Fahrräder und Glasflaschen.

Zusätzlich zu dem Kirmesvergnügen auf der Bürgerweide gibt es einen traditionellen Freimarktsumzug. Farbenfroh und laut ziehen am zweiten Freimarkts-Samstag Vereine, Familien und geschmückte Erntewagen von der Neustadt bis zur Bürgerweide. Weitere Informationen findest du auf: www.freimarkt.de

Tipp: Unter „Jobs" gibt's reichlich Saison- oder Aushilfsjobs auf dem Freimarkt.

Winter

Eiswette

Jedes Jahr am 6. Januar fragt sich der Bremer „of de Werser geiht or steiht". Bei diesem plattdüütschen Snack geht es darum, ob die Weser offen oder gefroren ist. Der Brauch geht auf Bremer Kaufleute zurück, die darum wetteten, ob die Weser Anfang Januar 1829 zugefroren sein würde. Um ehrlich zu sein, so große Spannung bringt die Wette heute nicht mehr mit sich. Die Weser ist schon seit Jahrzehnten nicht mehr zugefroren. Nichtsdestotrotz findet die Überprüfung um Punkt 12.00 Uhr am Weserufer mit großem Spektakel statt. Die Weser „steiht", wenn ein als Schneider verkleideter

Mann mit einem heißen Bügeleisen trockenen Fußes auf die andere Uferseite gelangt. Glücklicherweise steht ihm bei der Eisprobe ein Rettungsboot der Deutschen Gesellschaft zur Rettung Schiffbrüchiger zur Seite, für die anschließend Spenden gesammelt werden. Anwesend sind auch die Heiligen Drei Könige aus dem Morgenland, die an diesem Tag bekanntlich sowieso unterwegs sind.

Der Wetteinsatz ist seit dem 8. November 1828 ein gemeinsames Kohlessen, an dem du allerdings nur als geladener Gast teilnehmen darfst – und nur wenn du in Frack oder Smoking erscheinst. Bei Grünkohl und Pinkel treten hier jedes Jahr prominente Redner mit launigen Kommentaren zu Bremen und der Weltpolitik auf. Frauen wirst du aber weder am Rednerpult noch im ganzen Saal sehen, weil die patriarchalischen Seilschaften eine Teilnahme weiblicher Gäste bis heute untersagen. Die „Damen" dürfen dann lediglich im Park Hotel in ihren „hübschen Kleidchen" auf die ach so wichtigen männlichen Tanzpartner warten. www.eiswette.de

6-Tage-Rennen / Die Bremer Sixdays

Wenn im Januar die Bahnradsportler in Bremen anreisen, um ihre Räder auf Vordermann zu bringen und anschließend sechs Tage lang im Kreis zu fahren, dann sind die Bremer Sixdays. Hier treffen sich Radsportbegeisterte, Geschäftsleute und ganze Familien, um in der ÖVB-Arena an Wettkämpfen oder dem ausgiebigen Spiel- und Spaßangebot teilzunehmen. Das Abendprogramm lädt zum Trinken, Tanzen und Turteln ein. Mit dem „Early-Grünkohl-Ticket" kannst du dir vorab den Eintritt und freien Zugriff auf das gewaltige Grünkohl-Buffet sichern.

Für wirklich Radsportinteressierte ist der beste Besuchstag der Finaltag am Dienstag, an dem die Gewinner der Sixdays bekanntgegeben werden. Tickets und Programminformationen bekommst du auf: www.sixdaysbremen.de

Henne
Voll normal!
Schietwetter
Stadtmusikanten
Roland
endlich!
Sympathie-Meister
Schietwetter
Roland
Henne
Mäusebutter
wortkarg

Mythen
Mythen
Mythen

Roland · schietwetter · voll normal! · Roland · wetter · stadtmusikanten · Roland · Roland · Sympathie-Meister · Schietwetter · karg · Roland · Henne · Sympathie-Meister · Mäusebilder · Henne · voll normal! · voll normal! · Schietwetter · stadtmusikanten · Sympathie-Meister · Roland · butter · Sympathie-Meister · karg · Schietwetter · wortkarg · mall

//222 Mythen

Stadtmusikanten
Henne **Schietwetter**
wortkarg

Bremen ist märchen- und sagenhaft. Berühmtestes Beispiel: Die Bremer Stadtmusikanten kennt nicht nur jedes Kind, sondern die ganze Welt. Von Japan bis nach Namibia – überall findet man Nachbildungen der liebenswerten Botschafter. Doch das Original steht in der Hansestadt, kleiner als von vielen erwartet, aber dennoch eines der begehrtesten Fotomotive für Touristen.

Das Berühren der schon ganz blank geriebenen Beinchen des Esels soll Glück bringen. Aber Vorsicht: Unbedingt mit beiden Händen zugreifen, denn mit nur einer reicht ein Esel dem anderen die Hand. So sagt man jedenfalls. Was in und über Bremen sonst noch gemunkelt und erzählt wird, liest du hier:

Klischees und Vorurteile

Schietwetter

Bremen ist vielleicht nicht die sonnenreichste Region auf Erden, aber mit dem Klischee vom ewigen Schietwetter soll hier jetzt mal aufgeräumt werden. Bremen hat im Jahr durchschnittlich 126 Regentage. Nur zum Vergleich: In Köln regnet es durchschnittlich an 133 Tagen, in München an 129, sogar Freiburg soll mit 130 Tagen vor Bremen liegen. Zugegeben: Alle drei Städte haben aber bei den Sonnenstunden die Nase vorn.

Besonders heiß wird's in Bremen zur Winterzeit. Rate doch mal, wo Europas größter Samba-Karneval stattfindet! Vielleicht in Spanien oder Portugal? Nein, tatsächlich hier bei uns, im kühlen Norden.

Ungefähr 1.500 feierlustige Samba-Fans ziehen jedes Jahr durch die Innenstadt und rund 40.000 Schaulustige gucken ihnen dabei zu.

Mehr zum Bremer Samba-Karneval erfährst du unter „feste Feste" auf S. 212

Wortkarge Norddeutsche

Ein Hanseat ist seit jeher eher bodenständig, zurückhaltend und auch stolz, dabei aber nicht aufdringlich oder überkandidelt. Und Bremen kultiviert das Hanseatentum noch immer. Man hält sich vornehm zurück, ist aber zugleich weltoffen. „Leben und leben lassen" lautet das Motto. Manch eine rheinische Frohnatur ist über diese gewisse Distanz vielleicht erstmal verwundert. Ist doch so, dass man in Köln mit jedermann gleich per du ist und sich in den Armen liegt, oder?

Die armen Bremer?

In Bremen soll jeder vierte Bürger von Armut bedroht sein, damit liegt das Bundesland in Deutschland an der Spitze. Die Pro-Kopf-Verschuldung beträgt ungefähr 30.000 Euro, ein Wert, der für Otto-Normal-Bremer unfassbar erscheint. Allerdings lag das rechnerische Bruttoinlandsprodukt von Bremen im Jahr 2013 bei 43.085 Euro je Einwohner und damit rund 30 % über dem bundesdeutschen Durchschnitt.

Wie passt denn das zusammen? Ganz einfach: In Bremen arbeiten nicht nur Bremer, sondern auch viele Pendler, die nach Feierabend ins vermeintlich attraktivere Umland fahren und dort brav ihre Steuern zahlen. In der Stadt Bremen selbst bleibt davon leider wenig hängen. Übrigens: Auch in einer anderen Statistik liegt das kleinste Bundesland weit vorn: Bremen hat nach Hamburg die zweithöchste Millionärsdichte.

Sagen und Mythen

Faul hoch sieben

Innovation aus Tradition: Schon vor fast 200 Jahren entstand die Legende von den Sieben Faulen, die vom Ideenreichtum der Bremer handelt. Die Geschichte des Volksmärchen-Schriftstellers Friedrich Wagenfeld ist sogar in der Stadtarchitektur verewigt. So findet man noch heute, u. a. am Sieben-Faulen-Brunnen in der Böttcherstraße, Darstellungen der Brüder, die im ganzen Land als faul galten. Laut der Legende besaß der Vater der sieben Faulen zwar große Ländereien, doch wuchs dort kaum etwas, weil der Boden entweder zu sandig oder zu sumpfig war. Da es für die sieben starken Söhne trotz des großen Grundbesitzes also keine Ernte gab, hielten die Bremer sie für faul. Um dieser misslichen Lage zu entfliehen, zogen sie in die weite Welt und lernten jede Menge Tricks und Fertigkeiten, die ihnen zu Hause nützlich sein sollten.

Als sie Jahre später zurückkehrten, krempelten sie erstmal alles um: Sie zogen Gräben, um das Feld zu entwässern, bauten einen Deich zum Schutz vor dem Hochwasser, sie befestigten die Wege und bauten einen Brunnen und sieben Häuser. Ihrem Ruf hat das alles nichts genützt, denn die Leute hörten nicht auf zu tratschen: „Die sind doch bloß zu faul, um Wasser zu holen und wollen sich auf den matschigen Feldern nicht die Füße schmutzig machen." Daher heißen die sieben cleveren Burschen noch heute die „Sieben Faulen".

Zuerst war die Henne

Und dann kam Bremen. Laut einer Gründungslegende waren eines Nachts Männer, Frauen und Kinder auf der Flucht und schipperten mit ihren Kähnen auf der Suche nach einem Schlafplatz über die Weser. Zunächst konnten sie keine trockene Stelle für die Nacht finden. Dann sahen sie eine Henne mit ihren Küken und folgten ihr.

Auf einem Hügel machte es sich das Huhn samt Familie gemütlich und die Leute dachten: Das muss ein sicheres Fleckchen sein. Und genau dort entstand Bremens erste Siedlung. Noch heute erinnert ein Huhn in der Rathaus-Fassade an diesen Mythos.

Von jeher wohltätig

Zu Beginn des 11. Jahrhunderts baten Bremens Bürger die Gräfin Emma von Lesum, übrigens die erste namentlich bekannte Bremerin, um eine Weidefläche. Sie willigte ein, ihnen so viel Grund zu schenken, wie ein Mann an einem Tag umrunden konnte. Ihr geiziger Schwager aber fürchtete um sein Erbe und wählte ganz hinterhältig einen Mann ohne Beine aus. Jedoch scheiterte sein gemeiner Plan, denn der Beinlose entwickelte unfassbare Kräfte und eine unglaubliche Ausdauer. Er soll eine Fläche von etwa 450 Hektar umrundet haben. Dieses Gelände – heute Bürgerweide und Bürgerpark – gehört seit jenem Tag den Bremern. Manche sagen, dass der Kopf zu Füßen des Bremer Rolands an diesen Helden erinnern soll.

Frei solange der Roland steht

Der Bremer Roland ist die Freiheitsstatue der Stadt und zählt zusammen mit dem Rathaus seit 2004 zum UNESCO-Welterbe. Die Bremer sagen: „Solange der Roland über die Stadt wacht, bleibt Bremen frei und unabhängig." Im Laufe der Jahrhunderte hatten die Bürger alle Hände voll zu tun, ihr Wahrzeichen vor jeder Menge Bedrohungen zu beschützen: Nachdem sein hölzerner Vorgänger verbrannt worden war, wurde 1404 der steinerne Roland errichtet. Dieser wurde später allerdings beinahe von Napoleon gemopst. Im Zweiten Weltkrieg waren die Bremer da schon vorsichtiger und schützten ihre Statue mit einer dicken Mauer.

Tod durch Mäusebutter

In der sonst so friedlichen Hansestadt trieb zwischen 1813 und 1827 die geheimnisvolle Giftmischerin Gesche Gottfried ihr Unwesen. Insgesamt 15 Menschenleben hat die Serienmörderin auf dem Gewissen und viele der Morde sind noch immer ein Rätsel für die Kriminologen. Sie vergiftete ihre Kinder, Ehemänner, Verlobte und Freunde mit einer Mischung aus Fett und Arsen (Mäusebutter genannt). Während Gläubiger und vielleicht auch die Ehemänner aus Geldsucht sterben mussten, soll Gesche Gottfried ihre Kinder vergiftet haben, weil sie den Hochzeiten im Wege

standen. Als gänzlich ungeklärt gelten die Morde an ihrem Vermieter und ihren Freunden. 1831 wurde an Gesche Gottfried die letzte öffentliche Hinrichtung per Enthauptung vollzogen. Ein Spuckstein im Pflaster auf dem Domshof erinnert an ihr Ende. Spooky: Man erzählt sich, dass der Kopf damals auf diese Stelle rollte!

Alberner Schnack

Sympathie-Meister

Werder Bremen ist vielleicht nicht immer der erfolgreichste, aber doch stets einer der nettesten Vereine der Bundesliga. Getreu dem

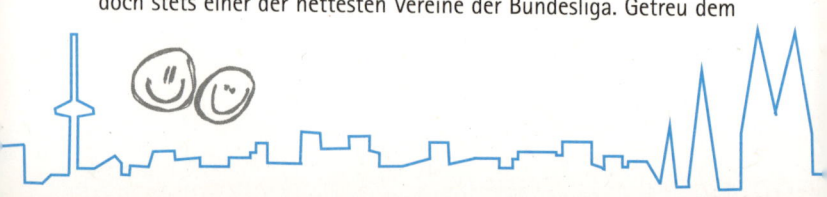

hanseatischen Motto fällt man eher durch Zurückhaltung und Bescheidenheit auf. Und das gefällt den Fans weltweit. Laut einer offiziellen Umfrage hat der Verein rund um den Globus ca. 28 Millionen Sympathisanten und ist damit der beliebteste Fußballverein aus Deutschland. Innerhalb der Bundesrepublik teilt er sich, nach Bayern München und Borussia Dortmund, mit Schalke 04 den dritten Platz.

Fladenbrot à la Bremen

Das Rollo – eine Bremer Erfindung. Und damit ist nicht der Sonnenschutz am Fenster gemeint, sondern ein gefülltes, gerolltes Fladenbrot mit sämiger Soße, das variantenreich mit Gemüse oder Fleisch gefüllt ist. Die gesamte Rezeptur und Zusammensetzung ist leider ähnlich geheim wie der Zaubertrank von Miraculix. Der Erfinder will es einfach nicht rausrücken. Probieren kannst du das Original-Rollo im **Tandour** (Sielwall 5). www.tandour.de

Voll normal

Wenn du nach Bremen ziehst, wirst du vielleicht zum Versuchskaninchen, ganz ohne es zu merken. Da hier angeblich absolute Durchschnittsmenschen mit durchschnittlicher Kaufkraft, Konsumgewohnheiten und Mediennutzung wohnen, ist die Hansestadt das El Dorado für Marktforscher. Deshalb findest du in den Regalen von Supermärkten und Kaufhäusern immer wieder bisher völlig unbekannte Produkte, und auch die begleitenden Werbemaßnahmen bekommen nur die Bremer zu Gesicht oder zu Ohr. Stellt sich ein Produkt nach dem Probelauf als Total-Flop heraus, verschwindet es wieder und geht nicht in Serie. Dann warst du einer der wenigen, die es jemals probiert haben.

Neue Vahr Süd
Kirschblüten im Eis
Freiwildzone
Die Kaffeeprinzessin
Summertime Blues

Nicht von schlechten Eltern
Die Bremer Stadtmusikante
Neue Vahr Süd
Der Bernsteinbund

Nicht von schlechten Eltern
Der Bernsteinbund
Neue Vahr Süd
Die Kaffeeprinzessin

Bremen fiktiv

fiktiv
Bremen
fiktiv
fiktiv

Summertime Blues
Nicht von schlechten Eltern
Die Bremer Stadtmusikanten
Freiwildzone
Kirschblüten im Eis
Süd
Die Kaffeeprinzessin
Der Bernsteinbund
Neue Vahr
Die Bremer Stadtmusikanten

Nicht von schlechten Eltern
Die Kaffeeprinzessin
Der Bernsteinbund
Kirschblüten im Eis

Nicht nur im echten Leben ist in Bremen was los: Autoren und Regisseure haben sich ordentlich ausgetobt und die Stadt zum Schauplatz lustiger, schrecklicher und schöner Storys gemacht, die teils Bremer Geschichte, teils Mordlust oder alltäglichen Wahnsinn atmen. Viel Spaß beim Eintauchen ins „fiktive Bremen"! Den einen oder anderen Ort wirst du garantiert wiedererkennen.

Bremen zum Lesen

Das nicht ganz alltägliche Bremen

Sven Regener: Neue Vahr Süd
(Goldmann Verlag, 2004)

© Random House

Es gibt Dinge, die sollte man besser nicht vergessen. Hochzeitstage zum Beispiel, Besuch vom Flughafen abzuholen – oder den Wehrdienst zu verweigern. Frank Lehmann hat genau das tatsächlich fertiggebracht. Nach seiner Lehre zum Speditionskaufmann dient er nun in der Kaserne Dörverden und muss sich von Vorgesetzten anbrüllen lassen, den Spott seiner Eltern ertragen und die Umgestaltung seines Zimmers in eine Elektro-Werkstatt mitansehen.

Irgendwann hat er die Nase voll und zieht ins Viertel. Von da an pendelt er zwischen Militär und WG, Drill und Party, konservativen Befehlsgehorchern und chaotischen Idealisten. Und irgendwo auf diesem Weg sollte er wohl erwachsen werden. Sollte. Geniale Dialoge, authentische Charaktere und einfach nur urkomisch.

Betty Kolodzy: Bremen Walking
(Michason & May, 2013)

Stell dir vor, du gehst spazieren. Ganz langsam. Ganz bewusst. Schaust dich um. Und siehst auf einmal die unglaublich vielen Dinge, die um dich herum passieren. Betty Kolodzy ist spazieren gegangen. Zuerst in Istanbul und dann in Bremen. Sie hat aufgeschrieben, was sie gesehen und erlebt hat. Lass das Auto stehen und die Bahn davonfahren und folge ihr mit diesem Erzählband in ein lebendiges Bremen - vom Roland bis in die Randbezirke.

Historisches

Bettina Szrama: Die Giftmischerin
(Gmeiner, 2009)

Eine Serienmörderin in Bremen! Gesche Gottfrieds Mordserie Anfang des 19. Jahrhunderts fallen Feinde ebenso zum Opfer wie Freunde und Familie. Ihre Waffe ist Arsen und dran glauben muss jeder, der ihr im Weg steht. Besonders gruselig: Einige ihrer Opfer pflegt sie bis zu ihrem Tod, was ihr den Beinamen „Engel von Bremen" einbrachte.

Bettina Szramas Roman beruht auf dem wahren Leben dieser legendären Bremerin, die unter anderem in der Obernstraße wohnte und auf dem Domshof hingerichtet wurde. So nah kann Geschichte sein!

© Gmeiner Verlag

mehr zur mysteriösen Geschichte um Gesche Gottfried findest du unter „Mythen" auf S. 226

//232 Bremen fiktiv

Nicht von schlechten Eltern

Die Kaffeeprinzessin
Der Bernsteinbund
Kirschblüten im Eis

Karin Engel: Die Kaffeeprinzessin
(Knaur Taschenbuch, 2006)

Wir befinden uns in Bremen zu Beginn des 20. Jahrhunderts. Felicitas Wessel ist eine angehende Schauspielerin und fest entschlossen, eines Tages die großen Bühnen zu erobern. Doch dann kommt – wie so oft – alles anders. Sie verliebt sich heftig in den Erben einer großen Kaffeerösterdynastie und gibt ihren Traum für ihn auf. Besonders schlimm ist dabei die neu gewonnene Schwiegermutter, die sich im Laufe des Romans aber zu einem doch ganz netten Menschen mausert. Und auch Felicitas entwickelt sich vom naiven, jungen Ding hin zu einer starken, selbstbewussten Frau. Mit der Protagonistin kannst du durch Bremen wandeln, bekannte Ecken wiederfinden und neue entdecken.

Heike Wolf: Der Bernsteinbund
(Aufbau Taschenbuch, 2010)

Wofür steht das H im Kennzeichen HB? Na? Klar, für „Hansestadt". In der Blütezeit dieses einflussreichen Handelsbündnisses will auch der Kaufmann Lambrech Suterman ein großes Stück vom Kuchen abhaben und wird dabei immer ehrgeiziger und skrupelloser. Ganz anders seine Söhne, die die große Jagd nach dem Geld nicht mitmachen wollen. Doch dann gibt es auch noch unter den Söhnen Streit, als der Ältere ausgerechnet die Frau heiratet, die der Jüngere

liebt. Und dann geht es noch um Seitensprünge mit Schwangerschaft, eine Zwangsehe und viel, viel Zwist und Tränen. Eine richtig schön bewegte Familiensaga vor grandiosem historischen Hintergrund.

Alexa Stein: Gänsehaut und kaltes Grausen: Bremens abgründige Geschichten
(Schünemann, 2013)

Achtung, jetzt wird's unheimlich: Alexa Steins 15 Geschichten beruhen auf alten Bremer Erzählungen und Volkssagen und führen dich auf die dunkle Seite der Stadt. Hier tummeln sich Mörder, Hexen und allerlei mystische Wesen. Herrlich zum abendlichen Gruseln bei Kerzenschein – aber besser mit Lichtschalter in der Nähe.

© Schünemann

Anonym: Ein kurtzweilig Lesen von Dil Ulenspiegel / Ein kurzweiliges Buch von Till Eulenspiegel aus dem Lande Braunschweig
(Reclam, 2001 / Insel Taschenbuch, 1999)

Till Eulenspiegel kennt wohl jedes Kind: Intelligent und skrupellos spielt er zahlreiche üble Streiche. Auch in Bremen hat der Narr sein Unwesen getrieben, davon erzählen die Geschichten 68, 69 und 72. Fans von originalen Holzschnitten und frühhochdeutscher Sprache lesen die Reclam-Ausgabe mit dem Ursprungstext von 1515, für alle anderen hält Insel eine moderne Fassung bereit.

© Reclam

Nicht von schlechten Eltern
//234 Bremen fiktiv
Die Kaffeeprinzessin
Der Bernsteinbund
Kirschblüten im Eis

Kriminelles

Gebrüder Grimm: Die Bremer Stadtmusikanten

Selbst im Ausland erntet man, wenn man von Bremen erzählt, nicht selten ein erfreutes „Ah! The town with the town musicians!". Denn das Märchen der Gebrüder Grimm ist in alle möglichen Sprachen übersetzt worden und auf der ganzen Welt bekannt. Das berühmte Quartett besteht aus Esel, Hund, Katze und Hahn. Die vier Tiere wollen dem Tod entkommen und gemeinsam nach Bremen fliehen, um dort ein neues Leben als Musikanten zu beginnen. Auf der Suche nach einer Bleibe für die Nacht vertreiben sie eine Räuberbande aus deren Haus – und beschließen, dort zu bleiben. Die Geschichte findest du in zahlreichen Märchensammlungen oder als einzelnen Titel. Und ja, sie ist auch für schwache Nerven geeignet.

Liliane Skalecki, Biggi Rist: Rotglut
(Gmeiner, 2013)

Fußball-WM 2010. Nichtsahnend schaut Kommissar Heiner Hölzle das Spiel Deutschland gegen England, als ausgerechnet da eine Leiche im Bürgerpark gefunden wird. Das Kuriose daran: Der Tote gilt eigentlich schon seit 35 Jahren als tot. Es stellt sich heraus, dass er damals sein Ableben selbst vorgetäuscht hatte, um sich ins Ausland abzusetzen. Die Ermittlungen führen zurück bis in die 70er, zur RAF und dem Bombenanschlag auf den Bremer Hauptbahnhof. Und dann scheint sich plötzlich auch der Verfassungsschutz brennend für den Fall zu interessieren.

© Gmeiner Verlag

Carin Winter: Kirschblüten im Eis
(Leda-Verlag, 2009)

Eine junge Frau wird im Bruch, einem Naherholungsgebiet bei Bremen, überfallen. Kurz darauf schwimmt ihr Mann tot in der Weser. Während der Ermittlungsleiter einen Bettler verdächtigt, vermutet die junge Kommissarin Julia komplexere Zusammenhänge rund um den geplanten Bau eines Erlebnisparks im Bruch. Das macht ihre Ermittlungen nicht gerade leichter. Ein Bremer Regionalkrimi, nicht nur für Naturschützer.

Angelika Griese: Freiwildzone
(Verlag Rolf Wagner, 2009)

Mitten in der Bremer Freimarktsaison wird die Leiche einer jungen Frau in den Wallanlagen gefunden. Eigentlich sollte das Opfer eine Ausbildung zur Tischlerin absolvieren. Warum hat sie so auffällig viele Dessous in ihrem Zimmer? Die Ermittlungen führen immer tiefer hinein in kriminelle Organisationen, Drogenhandel, Prostitution und ein Leben in der Sackgasse. Ein Bremen-Bremerhaven-Krimi zum Abtauchen und Mitermitteln.

Joe Schlosser: Für immer mein. Mechthild Kaysers erster Fall
(Schardt, 2008)

Ein Serienmörder treibt in Bremen sein Unwesen. Aber warum zieht er seinen Opfern 60er-Jahre-Klamotten an? Aus welchem Grund nimmt er schönheitschirurgische Eingriffe an ihnen vor? Wie passt das alles zusammen? Diese Frage bereitet auch der sympathischen Kommissarin Mechthild Kayser Kopfzerbrechen. Psychologie und Mordermittlung mitten aus dem Steintorviertel.

© Schardt Verlag

Nicht von schlechten Eltern

//236 Bremen fiktiv **Die Kaffeeprinzessin**

Der Bernsteinbund

Kirschblüten im Eis

Bremen zum Schauen

Filme

Neue Vahr Süd
(ARD, 2010)

Ein häufig bemühtes Klischee: Wenn dir ein Buch gefällt, schau besser nicht den Film, der kann nur schlechter sein! In diesem Fall sollte man aber tatsächlich mal eine Ausnahme machen: Der Film Neue Vahr Süd ist genauso geistreich und lustig wie der zugrundeliegende Roman (siehe oben, „Bremen zum Lesen"). Mit Frederik Lau als Franky Lehmann und Robert Gwisdek (Käpt'n Peng) als Achim – unbedingt schauen!

Der Mann von gestern
(ARD, 2009)

Bremen hat in diesem Liebesdrama zwei große Auftritte: das erste Mal, als Protagonist Robert es verlässt, um in der Welt herumzureisen und sich schließlich in Südafrika als Weinbauer eine neue Existenz aufzubauen. Das zweite Mal, als Robert zehn Jahre später als Bob dorthin zurückkehrt, weil ihn seine Vergangenheit einfach nicht loslässt. Und die heißt Emma. Hach.

Die Bremer Stadtmusikanten
(ARD, 2009)

Alte Geschichte, neues Medium: Die ARD hat das berühmte Märchen der Stadtmusikanten aufgegriffen und mit prominenter Besetzung verfilmt. Keine Geringeren als Peter Striebeck, Harald Schmidt, Hannelore Elsner und Bastian Pastewka leihen den Tieren ihre Stimmen. Die Erzählung ist leicht abgewandelt: Ein Familienstreit und eine Liebesgeschichte bringen zusätzliche Würze.

Summertime Blues
(Universum Film GmbH, 2009)

Als Alex 15 ist, lassen seine Eltern sich scheiden. Nun ändert sich sein Leben radikal: Sein Vater hat eine Neue und bekommt ein Kind, seine Mutter hat auch einen Freund, zieht von Bremen nach England – und nimmt Alex mit. Dort verliebt er sich gleich in zwei Frauen ... Jugendliches Gefühlschaos vom Feinsten.

Serien

Bremer Tatort
(ARD)

Liebe Freunde der wohl beliebtesten deutschen Krimiserie: auch in Bremen gibt es einen Tatort! Das Ermittlerduo Lürsen und Stedefreund gibt sich hier die Ehre. Über die filmische und schauspielerische Qualität des Bremer Tatorts kann man bisweilen streiten. Aber mal ehrlich: schaut man deswegen Tatort?

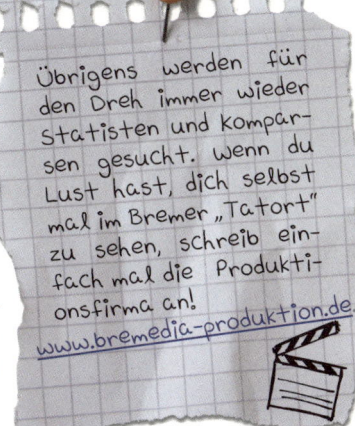

Übrigens werden für den Dreh immer wieder Statisten und Komparsen gesucht. Wenn du Lust hast, dich selbst mal im Bremer „Tatort" zu sehen, schreib einfach mal die Produktionsfirma an!
www.bremedia-produktion.de

Nicht von schlechten Eltern
(ARD)

Familie Schefer geht es wie dir vielleicht auch: Sie zieht neu nach Bremen und muss sich in der ungewohnten Stadt erst einmal einleben. Besonders für die vier Kinder ist das nicht immer einfach. Hochs und Tiefs, Probleme und Erfolge, Freundschaften, erste Lieben, und, und, und: bester Stoff für die erfolgreiche Vorabendserie aus den 80ern.

schnacken buten

buten
da nich für
klönen
Tunbüdel

klönen

da n

§

Da nich für

da nich

buten §